Wichtige Fragen
Spannende Antworten

Copyrights Text und Fotos: Guido von Arx (Gita Productions) 2016

Alle Rechte vorbehalten. Nachdruck, auch auszugsweise, nur mit ausdrücklicher Genehmigung von Gita Productions / YANTRA GmbH gestattet.

Text, Fotos, inhaltliches und grafisches Konzept: Guido von Arx
Layout, Bildbearbeitung und visuelle Beratung: Renato Gerussi
Finanzielle Unterstützung: Gian-Reto Schmid
Textliche Inspiration: Ranchor Prime, Peter Burwash, Bhaktivedanta Swami, Radhanath Swami, Christian Bischoff
© Vorwort: Bettina Keller
Krishna-Bild auf Titelseite: Arnold Imhof
Portraits Mahabharata-Text: Alfred J. Valerio
Textbearbeitung: Katja A. Freese
Lektorat: Friedrich Schmid
Druck: BuchDrucker.at | Hardeg Gasse 69/Top 21 | A-1220 Wien

Gita Productions
Berneggweg 12
CH-8055 Zürich

YANTRA GmbH
Annagasse 2
A-2120 Wolkersdorf

GitaProductions.org
contact@gitaproductions.org

www.yantra.at
yantra@yantra.at

ISBN 978-3-901226-69-4

Wichtige Fragen
Spannende Antworten

Bhagavad-Gita für Jugendliche

Guido von Arx

Inhalt

Vorwort von Bettina Keller	8
Einleitung	10
Über dieses Buch	12
Mahabharata – die Geschichte dahinter	14

20 1. Kapitel
Wer bin ich?

42 2. Kapitel
Was soll ich tun?

64 3. Kapitel
Chillen? Wie entspannen?

78 4. Kapitel
Was sollte ich verstehen?

100 5. Kapitel
Was ist Liebe?

122 6. Kapitel
Wie wirkt die Natur?

138 7. Kapitel
Warum gibt es das Böse?

152 8. Kapitel
An was soll ich glauben?

168 9. Kapitel
Schlussperlen

Danke	186
Glossar	188
Autor	190

Für die jungen Menschen von heute.
Sie sind die Hoffnung der Zukunft.

Vorwort

Vorwort

Es ist ein Geschenk, diese *Bhagavad-Gita für Jugendliche* vor mir zu haben. „Wichtige Fragen – spannende Antworten" stellt ein Kompendium der wichtigsten Gedanken dar, die uns den Weg des Lebens weisen – in der vorliegenden Fassung der Bhagavad-Gita in leicht verständlicher, alltagstauglicher und moderner Form. Guido von Arx hat es verstanden, die Essenz der Gita zu extrahieren und für Jugendliche ein Werk zu schaffen, das immer wieder gelesen werden kann. Aber auch Erwachsenen kann es als Überblick für ein Leben in Tugend dienen.

Als ich fünfzehn war, fragte mich meine beste Freundin einmal, ob ich an ein Leben nach dem Tod glaube. Ihr älterer Bruder befasste sich bereits intensiv mit philosophischen Fragen. Dadurch wurde sie inspiriert, sich selbst mit den großen Fragen des Lebens auseinanderzusetzen. Dies gab mir den Anstoß, mir ebenfalls Gedanken über Reinkarnation zu machen. In mir fühlte es sich wie ein braches Feld an, das auf Samen wartete. Meine Freundin tat, was „Wichtige Fragen – spannende Antworten" für viele Jugendliche tun kann: zum Denken anregen. Dieses Buch ist weit davon entfernt, die Lesenden von etwas zu überzeugen und ihnen eine Religion überzustülpen. Der Inhalt geht über das Religiöse hinaus und ist eher mit einer Lebenshaltung oder praktischen Philosophie zu vergleichen. Auch wenn Gottes Name hier *Krishna* ist, kann darin die Präsenz Gottes – personifiziert in einem weisen und sich liebevoll kümmernden Wagenlenker – gesehen werden. Er lehrt uns, wie wir unseren Wagen des Lebens selber steuern können.

Krishna ermuntert und befähigt uns, das Spiel des Lebens unter verschiedenen Blickwinkeln zu betrachten, uns selbst eine Meinung zu bilden und hernach entsprechend zu handeln. Er lässt uns eine lange Leine, doch lässt er uns nie allein. Es ist Raum da, um zu irren und daraus zu lernen. Jeder „Fehler" macht uns weiser und stärker – vorausgesetzt, wir sind offen, das Vorgefallene zu reflektieren.

Als Yogalehrerin für Kinder, Jugendliche und Erwachsene, wie auch als Primarlehrerin, werde ich die Inhalte dieses wertvollen Buches immer wieder in meinen Unterricht einfließen lassen. Ich hätte mir gewünscht, mir schon in meiner Jungend dieses Substrat der Bhagavad-Gita zu Gemüte führen zu können. Umso mehr erfüllt es mich heute, das unterrichten zu können, was ich als essentiell im Leben erachte und dass ich – zusammen mit anderen Weggefährten – über das Wunder und die Geheimnisse des Lebens lernen darf. Ich danke Guido von Arx für dieses weitere Puzzle-Teil auf der Suche nach der Wahrheit. Ich hoffe, dieses Buch wird viele Junge und Junggebliebene motivieren, Fragen zu stellen. Die Antworten kriegen wir geschenkt!

Mögen wir unsere Inspiration hinaus tragen und andere zum Denken und Mitfühlen anregen, um dadurch etwas zur Liebe, zur Freude und zum Frieden in dieser Welt beizutragen.

Bettina Keller
soma-institut.ch | starke-maedechen.ch

Einleitung

Ein Buch aus einem fernen Land, aus längst vergangener Zeit – kann das für Jugendliche heute noch aktuell sein? Ja, wenn sein Inhalt einfach und seine Botschaft zeitlos und universell ist.

Und wenn es um ein philosophisches, spirituelles Werk geht? Auch dann, vorausgesetzt, es ist auf eine junge Leserschaft ausgerichtet.

Krishnas Worte in der Bhagavad-Gita erfüllen diese Voraussetzungen größtenteils. Die meisten Verse sind in einer leicht verständlichen Sprache ausgedrückt. Menschen, die nach dem Sinn des Lebens suchen, finden in der Gita eine Fülle bereichernder Anleitungen.

Seit über 2000 Jahren wird die Gita in Indien von Millionen von Menschen geschätzt. Als vor etwa 250 Jahren die ersten Übersetzungen in Europa erschienen, hat ihre Beliebtheit auch hierzulande stetig zugenommen. Das liegt nicht nur an der schönen, kunstvollen Sprache, sondern auch an der tiefgründigen und klaren Ausdrucksweise.

Heute ist es viel einfacher geworden, andere Kulturen und Länder zu entdecken. Wir können nicht nur fast überallhin reisen, sondern dank der digitalen Vernetzung jederzeit per Mausklick praktisch alles erforschen.

Mit dem zunehmenden Interesse an fernöstlichen Themen wie Yoga, Meditation und Ayurveda stieg auch die Neugierde, die Kultur dahinter zu verstehen. Durch die Gita kriegen wir einen umfassenden Einblick in die altindischen Weisheiten. Das Buch hilft uns zusätzlich, eine andere Volksgruppe und ihre Religion kennen zu lernen. Wer Einblick in das Leben anderer Menschen und ihre Traditionen erhält, entwickelt dadurch Verständnis, vielleicht sogar Wertschätzung.

In der Bhagavad-Gita beschreibt Krishna die tieferen Zusammenhänge des menschlichen Lebens. Er skizziert verschiedene Wege, die zu spirituellem Glück verhelfen. Dies führt zu einem ausgeglichenen Bewusstsein, wodurch wir Klarheit und innere Freiheit erlangen.

Einleitung

Am Schluss der Gita spricht Krishna folgende Worte zu Arjuna: „Somit habe ich dir die tiefen Geheimnisse des Lebens offenbart. Denk darüber nach, und tue dann, was dir beliebt." Genau auf diese Weise soll dieses Buch verstanden werden. Wir öffnen uns der klaren Stimme der göttlichen Wahrheit und entscheiden letztlich selbst, ob und wie wir diese Weisheiten annehmen und im Leben umsetzen wollen. Machen wir positive Erfahrungen damit, tun wir gut daran, den Herausforderungen des Lebens mit Krishnas Worten der Weisheit zu begegnen.

In den Teenager-Jahren werden wichtige Weichen für die Zukunft gestellt. Entscheidungen und Handlungen dieser Zeit prägen das Leben wie kaum eine andere Lebensphase. Oft hört man Erwachsene klagen, dass sie in ihrer Jugend vieles anders gemacht hätten, wenn sie ihr heutiges Wissen schon damals hätten anwenden können. Wir hoffen, mit dieser speziellen Ausgabe der Bhagavad-Gita, Jugendlichen hilfreiches Wissen für ihre Gegenwart und Zukunft zu geben. Wer Zugang zu diesem Wissen findet und es umsetzt, erfreut sich einer erfüllenden Gegenwart und darf mit einer hoffnungsvollen Zukunft rechnen.

„Wir freuen uns, dass es endlich auch eine Bhagavad-Gita für Jugendliche gibt."

Über dieses Buch

Über dieses Buch

Die gesamte Bhagavad-Gita umfasst bloß 700 Verse. Die ursprüngliche Ausgabe wurde in Sanskrit verfasst, der ältesten heute noch bekannten Sprache. Die Gita ist im *Mahabharata* enthalten. Das *Mahabharata* ist mit 110 000 Versen ein Werk, das in der englischen Gesamtübersetzung in über zehn Büchern herauskam. Es enthält viele Heldengeschichten in Gedichtform.

Beide Werke gehören zur Weltliteratur: die Gita zu den unvergänglichen spirituellen Weisheitslehren, das *Mahabharata* zum umfangreichsten Geschichtsbuch.

Die Bhagavad-Gita wurde in 18 Kapitel unterteilt. Das kürzeste Kapitel hat 20 Verse, das längste ist das letzte Kapitel mit 78 Versen.

Die *Bhagavad-Gita für Jugendliche* ist in 9 Kapitel unterteilt. Sie sind ähnlich aufgebaut wie die vollständige Gita. Aus den 700 Versen wurden 120 ausgesucht: Es sind zum einen die wichtigsten Verse, und zum anderen jene, die für jugendliche Leser interessant und gut verständlich sind.

Pro Doppelseite wird im Allgemeinen ein Vers behandelt. Er steht auf der linken Seite unter dem großen Bild. Einige Verse wurden leicht gekürzt. In Klammern steht das entsprechende Kapitel der vollständigen Gita und die Versnummer, zum Beispiel (BG 18.66). Auf der rechten Seite folgt eine Erklärung zum Vers.

Die Fotos und das Layout sollen den Zugang zu diesem alten Weisheitsbuch zusätzlich erleichtern.

Wir wünschen allen Leserinnen und Lesern viel Spaß und spannende Antworten auf die vielen Fragen, die das Leben stellt!

Der Herausgeber

Mahabharata – die Geschichte dahinter

Es war ein herrlicher Frühlingstag. Der Duft der ersten Blüten breitete sich unter dem Vormittagshimmel aus. Insekten summten leise, Vögel zwitscherten sanfte Melodien. Der junge König Shantanu machte einen Ausritt auf seinem stattlichen Schimmel. Da erblickte er am Ufer des Ganges eine wunderschöne Gestalt – einer Göttin gleich. Sofort ließ er sein Pferd Halt machen und sprach das himmlische Wesen an.

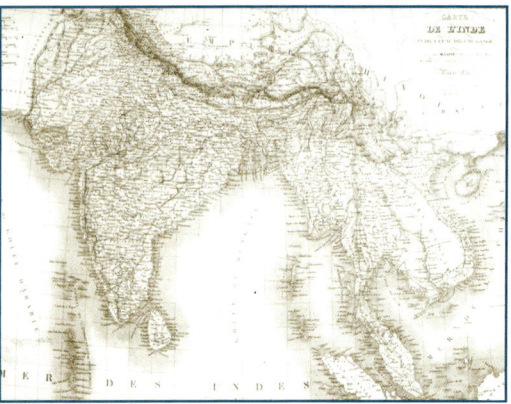

„Mahabharata" ist der Titel eines Buches, das sich auf die große Geschichte des Landes „Bharata" bezieht. Vor langer Zeit lebte dort ein mächtiger Herrscher, König Bharata, der bei allen beliebt war. Nach ihm benannten die Bewohner ihr riesiges Land – heute bekannt als Indien.

Während Indiens Blütezeit erstreckte sich das Land vom heutigen Afghanistan bis in Teile von Indonesien und Thailand. Diese Zeit war bekannt als die vedische Periode. Ihre Merkmale waren tugendhafte Lebensstrukturen und vorbildliche Weise, welche die Menschen auf ihrem spirituellen Weg unterstützten.

König Shantanu sprach: „Liebe Prinzessin, wer bist du?" Mit klarem Blick schaute sie ihn an. Ihre Augen leuchteten, und der König verliebte sich sofort in sie. Er bat daher um ihre Hand. Sie antwortete: „König Shantanu, ich bin Ganga Devi. Du darfst mich nur heiraten, wenn du versprichst, nie zu hinterfragen, was ich tue!" Der König war so angetan von ihrem bezaubernden Wesen, dass er ihre Bedingung nicht abschlagen konnte. Schon bald nach der königlichen Hochzeit kam ein Sohn auf die Welt. Doch kaum war das Kind geboren, brachte es die Mutter zum Ganges und übergab es dem Fluss. Der König war entsetzt, erinnerte sich jedoch, dass er ihre Handlungen nie hinterfragen durfte. So ging es weiter, bis zum achten Kind. Als die Königin das Baby wiederum dem Ganges-Fluss übergeben wollte, konnte sich Shantanu nicht mehr zurückhalten. Voller Verzweiflung wandte er sich an seine Frau.

Einer der Nachkommen von Bharata hieß Kuru. Seine Nachfolger wurden berühmt als die Kuru-Dynastie. Auch Shantanu war Teil dieser noblen Tradition.

Der König flehte sie an: „Liebe Gemahlin, warum tust du das? Sieben Neugeborene hast du sofort nach der Geburt dem Fluss übergeben. Ich kann nicht weiter tatenlos

zusehen! Schließlich benötigt das Königreich eines Tages einen Nachfolger!"
Ganga Devi schaute ihren Mann vorwurfsvoll an. „Oh König, du hast unsere Abmachung nicht eingehalten! Ich gehe deshalb in meine Heimat zurück. Lebe wohl". Sie verschwand, und der König stand fassungslos am Ufer des Ganges.

Es gibt kaum ein literarisches Werk auf dieser Welt, das so umfangreich ist. Und seine Geschichten sind wie Schlingpflanzen im Urwald miteinander verwoben. Oft hängen die Geschehnisse mit einem früheren Leben zusammen oder spielen sich auf einem anderen Planeten ab. Das ist zwar faszinierend, aber auch anspruchsvoll.

Bhishma, ursprünglich Devavrata, war der „Großvater" der Pandavas und Kauravas. Da er bei den Kauravas lebte, fühlte er sich verpflichtet, im Krieg auf ihrer Seite zu kämpfen. Vor der Schlacht schwor er, keinen der Pandavas anzugreifen.

Shantanu war traurig, ohne Königin zu sein. Sein achtes Kind, Devavrata, verbrachte seine Kindheit mit seiner Mutter Ganga. Im Jünglingsalter kehrte er zu seinem Vater zurück und entwickelte sich zu einem hervorragenden Prinzen. Als der Vater eines Tages in einem Fischerdorf die hübsche Tochter des Anführers erblickte, wurde sein schweres Herz wieder mit Freude und Hoffnung erfüllt. Sofort ging er zu ihrem Vater und bat, sie heiraten zu dürfen. Dieser antwortete: „König Shantanu, es ist eine große Ehre, wenn meine Tochter Satyavati Ihre Majestät heiratet. Allerdings erlaube ich das nur, wenn die Nachkommen Satyavatis über das Königreich herrschen werden!" Der König war am Boden zerstört. Wie könnte er zulassen, dass sein geliebter Sohn Devavrata nicht sein Nachfolger wird?

Als es Devavrata auffiel, dass sein Vater oft sehr bedrückt war, fragte er den Kutscher, was den König belastet. Der Kutscher hätte es nicht sagen dürfen, konnte es dem Prinzen aber nicht vorenthalten. Da hatte Devavrata einen kühnen Plan.

Nicht alle Menschen lesen oder hören gerne philosophische Texte. Deshalb wurden Weisheiten manchmal in Heldengeschichten eingeflochten. Bis heute erfreuen sie sich einem großen Publikum. Waren es früher Geschichtenerzähler und Sänger, die diese spannenden Stories in Königshöfen und Dörfern vortrugen, kamen sie später als Theaterstücke, in Buchform, als Hörbücher und seit einigen Jahrzehnten auch als Blockbuster zu den Leuten: Liebesgeschichten, Intrigen, Kampf, Schicksale, Niederlagen und ein Happy End – wer ist davon nicht angetan?

Devavrata ging augenblicklich zum Anführer der Fischer und verkündete: „Ich schwöre hiermit, dass ich nie heirate, keine Nachkommen zeuge, und niemals Herrscher über das Königreich meines Vater werde!" So ein Gelübde hatte noch kein Prinz ausgesprochen. Es regnete Blumen vom Himmel und engelsgleiche Wesen verkündeten: „Bhishma, Bhishma!" („Schreckliches Gelübde")

Der Vater war über die Tat seinen Sohnes betrübt und gleichzeitig berührt. Shantanu heiratete in der Folge Satyavati, und sie hatten zwei männliche Nachkommen. Später ehelichten die Söhne je eine Prinzessin eines benachbarten Königreiches. Als Shantanu starb, teilten sich die beiden Prinzen das Reich ihres Vaters. Doch beide starben früh, bevor sie Nachkommen zeugen konnten. Das machte ihre Mutter Satyavati traurig, denn nun war die Dynastie wieder in Gefahr. Da erinnerte sie sich an eine außergewöhnliche Begegnung vor ihrer Hochzeit.

Arjuna, einer der fünf Pandava-Prinzen, war der bekannteste Bogenschütze seiner Zeit. Krishna sprach die Bhagavad-Gita zu ihm, da Arjuna nicht nur sein Freund, sondern „frei von Stolz und Neid" war.

In Heldengeschichten wie dem Mahabharata gibt es immer wieder Vorkommnisse, die nach heutigem Verständnis unmöglich sind: Yogis, die fliegen können, Menschen, die sich an ihr letztes Leben erinnern, Waffen, die mit bestimmten Worten ihre Gegner sicher treffen, Zeitreisen und vieles mehr. Es sind Begebenheiten in einer anderen Zeit, in anderen Dimensionen, mit anderen Energien und Kräften. Auch heute gibt es vieles, das wir nicht erklären können. Wir sollten deshalb die Geschichten im Mahabharata nicht einfach als Fantasien zurückweisen, sondern anerkennen, dass weit mehr möglich ist, als wir heutzutage verstehen.

Als Satyavati einmal den großen Weisen Parashara Muni mit einem Boot über den Fluss führte, segnete er sie mit einem Sohn, der augenblicklich auf die Welt kam. Er erhielt den Namen Vyasa und wurde auf der Stelle erwachsen. Seiner Mutter sagte er: „Ich gehe in eine Höhle im Himalaya-Gebirge, um zu meditieren. Wenn du mich eines Tages brauchst, reicht es, wenn du an mich denkst. Ich werde sofort bei dir sein."

Im vorangegangenen Zeitalter war es in der indischen Kultur unter bestimmten Bedingungen erlaubt, dass ein Bruder oder ein naher Verwandter des Ehemannes ein Kind mit dessen Frau zeugen konnte. Das war aber nur möglich, wenn der Ehemann dazu nicht in der Lage war und die Frau sich damit einverstanden erklärte.

Mahabharata – die Geschichte dahinter

Als Satyavati an ihn dachte, war Vyasa im nächsten Augenblick bei ihr. Er war ein abgemagerter Asket und hatte lange, verfilzte Haare. Die beiden Witwen der verstorbenen Söhne von Satyavati hatten zuvor eingewilligt, vom ersten Sohn ihrer Mutter ein Kind zu empfangen. Als sie jedoch Vyasa, der nur aus Haut und Knochen zu bestehen schien, erblickten, schloss die eine während der Zeugung die Augen, und die andere wurde bei seinem Anblick ganz blass. Das führte dazu, dass das eine Kind blind, das andere zeitlebens kränklich wirkte.

Sie waren deshalb nicht die idealen Anwärter für den Königsthron, obwohl beide sehr kräftig und mächtig wurden. Sie heirateten trotz ihren Behinderungen hochstehende Prinzessinnen und hatten gesunde, außergewöhnliche Söhne. Jene des blinden Vaters waren die Kauravas, die des bleichen die Pandavas. Doch wer von den beiden sollte später über das Königreich herrschen? Eigentlich hätte der Thron den Pandavas

Drona war eigentlich ein Priester. Er unterrichtete jedoch die Kauravas und Pandavas in der Kriegskunst. Als sich die beiden Gruppen bekämpften, stand er auf der Seite der Kauravas, obwohl Arjuna sein Lieblingsschüler war.

gehört, doch ihre Cousins wollten das nicht zulassen. Sie schreckten vor keiner Missetat zurück, um ihr Ziel zu erreichen, selber Könige zu werden. Als alle Bemühungen, eine friedliche Lösung zu finden, scheiterten, sollte der Streit auf dem Schlachtfeld entschieden werden. Der Kampf zwischen den Kauravas und Pandavas gilt bis heute als einer der schrecklichsten Vernichtungskriege. Nur eine Handvoll von ihnen überlebte, darunter die fünf Pandava-Brüder.

Wir würden im vorliegenden Buch nicht über diesen Bruderzwist berichten, hätte es nicht vor Beginn des Gemetzels einen einzigartigen Dialog zwischen Arjuna – einem der Pandavas, und Krishna, seinem Freund und Wagenlenker – gegeben. Arjuna war kurz vor Beginn der Schlacht voller Zweifel, ob er an diesem Krieg überhaupt teilnehmen sollte. In dieser unsicheren Lage bat er Krishna um Rat.

Die Bühne steht nun bereit für das vielleicht wichtigste Gespräch, das jemals stattfand. Es sind Arjunas Fragen über den Sinn des Lebens, wie der Mensch richtig handeln soll, woher wir kommen, und was nach dem Tod geschieht. Und es beinhaltet Krishnas Antworten, die in der Bhagavad-Gita Unsterblichkeit erlangten. Denn seine weisen, liebevollen und tiefgründigen Offenbarungen sind nicht einfach die Worte eines gewöhnlichen Freundes, sondern die ewige Botschaft der höchsten Wahrheit.

Krishna sprach:
In dem Maße, wie die Lebewesen bei mir Zuflucht suchen, offenbare ich ihnen meine Liebe. Alle wandeln auf meinen Pfaden.

Bhagavad-Gita 4.11

1.
Kapitel

Wer bin ich?

Zeigt ein Spiegel, wer ich bin? Kann ich mich mit meinen Augen sehen? Ist mein Selbst der Körper? Bin ich jung oder alt, männlich oder weiblich, hübsch oder hässlich?

In der Bhagavad-Gita lehrt Krishna, dass unser eigentliches Selbst etwas ganz anderes ist: nicht der Körper, sondern eine ewig junge Seele.

Für einige Zeit sind wir die Bewohner des Körpers, der wie ein Gewand für die Seele ist. Nach dem Tod geht sie in einen neuen Körper ein. Das wird Seelenwanderung genannt.

Krishna wird uns viele wertvolle Eigenschaften unseres wahren Ichs – der unvergänglichen Seele – erklären.

Als Arjuna mitten auf dem Schlachtfeld seine Verwandten auf der feindlichen Seite sah, ließ er Pfeil und Bogen zu Boden fallen. Von Kummer überwältigt, sprach er zu seinem Freund und Wagenlenker: „Krishna, ich werde nicht kämpfen."
(BG 1.46, 2.9)

„In der Bhagavad-Gita hilft Krishna seinem zweifelnden Freund wieder Mut zu fassen."

– Flavia, 14, Kappel am Albis (CH)

Arjuna verlor seinen Kampfesmut und begann zu zittern.

Soll ich aufgeben?

Alles kann toll laufen. Doch plötzlich wendet sich das Blatt. Das Leben ist voller Veränderungen.

Auch der junge Prinz Arjuna musste Glück und Leid erfahren. Seine Mutter kümmerte sich liebevoll um ihn, sein Vater war jedoch früh gestorben. Er hatte noch vier starke, wunderbare Brüder.

Als sie noch klein waren, lebten sie mit ihren Eltern im Wald. Nach dem Tod ihres Vaters gingen sie zu ihren Verwandten, den Kauravas. Diese wohnten in einem großen Palast in der Stadt – ihr Onkel, seine Frau und ihre vielen Söhne. Der älteste unter ihnen, Duryodhana, war von Anfang an neidisch auf seine Cousins. Immer wieder zettelte er Streit an und versuchte, die fünf Prinzen zu betrügen. Er wusste, dass sie später das Königreich übernehmen sollten.

Mehrere Jahre vergingen. Alle Versuche, eine friedliche Lösung zu finden, scheiterten. Und so entschieden sie sich, ihren Streit auf einem Schlachtfeld auszutragen. Die beiden Familien suchten Unterstützung bei vielen anderen Kriegern, um beim Kampf im Vorteil zu sein.

Als sich die beiden Kriegsheere auf einem weiten Feld für die Schlacht aufstellten, war Arjuna bestens gerüstet. Er saß auf einem Streitwagen, der von vier weißen Pferde gezogen wurde. Sein Wagenlenker war Krishna, Arjunas mächtiger Freund. Krishna galt als unbesiegbarer und weiser König.

Nun hatte der junge Prinz eine ungewöhnliche Bitte. „Lieber Krishna, kannst du meinen Streitwagen zwischen die beiden Heere führen? Ich möchte genau sehen, mit wem ich zu kämpfen habe." Als Arjuna vor der feindlichen Kampfreihe stand, erkannte er Freunde, Verwandte und Lehrer. Da verlor er seinen Kampfesmut und begann zu zittern. Er ahnte Unheil und gab Krishna viele Gründe an, warum er nicht kämpfen wollte.

Arjuna sprach:
„Es kann keine guten Folgen haben, wenn wir unsere eigenen Verwandten töten. Welchen Wert haben Macht, Glück und sogar das Leben, wenn Väter und Söhne im Krieg fallen? Dadurch werden ihre Familien zerstört und ihre Traditionen gehen verloren. Als Folge verbreitet sich unmoralisches Handeln."
(BG 1.31 – 33, 1.39)

Der Kriegsverweigerer

Arjuna und seine Brüder waren bekannt als die Pandavas. Sie wurden in einer königlichen Dynastie geboren. Es entsprach ihrer Natur, Herrscher zu sein. Bei Bedarf waren sie auch bereit zu kämpfen. Seit der Zeit, als sie bei ihren Cousins, den Kauravas, im Palast wohnten, wurden sie darin geschult. Die fünf Brüder wuchsen zu kräftigen und wohlerzogenen Prinzen heran.

Arjuna war weithin bekannt als der beste Bogenschütze seiner Zeit. Er erwarb sogar mystische Waffen, die ihn praktisch unbesiegbar machten. Als der Krieg unvermeidlich wurde, bereitete sich Arjuna bestens vor. Die Pandavas konnten nur überleben, indem sie die Kauravas besiegten. Seit vielen Jahren schon trachteten die Kauravas nach dem Leben der fünf Brüder.

Durch listige Arrangements verstanden es die Kauravas, mehr Verbündete zu gewinnen als die Pandavas. Als es zur alles entscheidenden Schlacht kam, hatten die Kauravas elf Kampfeinheiten. Arjuna und seine Brüder dagegen nur sieben. Für ihre Gegner sollte es zu einem raschen Sieg kommen.

Das Zeichen zum Kampfbeginn ertönte: tosender Lärm von Kriegstrommeln und Blasinstrumenten. Dadurch sollten die Gegner in Angst versetzt werden. Krishna, Arjuna und ihre verbündeten Krieger bliesen nun ebenfalls in ihre Muschelhörner. Der betäubende Schlachtlärm erschütterte die Herzen ihrer Feinde.

Arjuna war kein gefühlloser Krieger. Er zeigte Mitgefühl für seine Feinde, da viele von ihnen seine Verwandten waren. „Wie kann ich etwas tun, wenn ich weiß, dass es falsch ist?" Wie sollte er das Leben in Zukunft genießen können, wenn der Sieg mit dem Blut so vieler nahe stehender Personen getränkt sein würde? Lieber wollte Arjuna Bettelmönch werden, als in diesem Krieg zu kämpfen.

„Die Bhagavad-Gita ist da wohl einmalig: Ein spirituelles Gespräch mitten auf einem Schlachtfeld."

– Elias (16), Abentheuer BIR (D)

Arjuna war kein gefühlloser Krieger. Er zeigte Mitgefühl für seine Feinde.

Krishna sprach:
„Lieber Arjuna, wie kannst du nur in dieser entscheidenden Stunde verzagen? Das ziemt sich nicht für einen ehrenhaften Krieger wie dich. Dein Verhalten bringt dir keine Ehre, sondern Schande. Löse dich von dieser Ohnmacht und mache dich zum Kampf bereit."
(BG 2.2 – 3)

„Die Bhagavad-Gita gibt mir tolle Tipps für mein Leben."

– Shajagain, 18, Zürich (CH)

Krishna ist weit mehr als nur Arjunas Freund und Wagenlenker.

Krishna als Lehrer

Krishnas Antwort mag überraschen. Wie kommt es, dass er kein Verständnis für Arjunas Dilemma hat? Warum kritisiert er Arjunas Wunsch, an diesem Krieg nicht teilzunehmen?

Tatsächlich tun sich viele schwer damit. Da möchte jemand friedlich sein und nicht kämpfen. So etwas ist doch wunderbar! Oberflächlich betrachtet, ja. Doch Krishna schaut auf die innere Einstellung. Oft ist es nicht die Handlung, die etwas gut oder schlecht macht, sondern das Motiv.

Zum Beispiel möchte jemand etwas von uns. Um es zu kriegen, ist die Person vielleicht ganz nett. Doch dahinter mag ein egoistisches Motiv stecken. Umgekehrt mögen unsere Eltern oder Lehrer manchmal streng sein. Hoffentlich natürlich nicht aus Frustration, sondern um uns einen wichtigen Punkt klarzumachen, den wir sonst nicht checken würden.

Krishna ist weit mehr als Arjunas Freund und Wagenlenker. Seine Gestalt war zwar die eines Menschen, doch Krishna ist kein gewöhnliches Lebewesen. In späteren Kapiteln wird er seine wahre Identität offenbaren.

Krishna kommt immer wieder in diese Welt. Zur Zeit Arjunas, erschien er mit einer wunderbaren blauen Körpertönung. Seine Ausstrahlung war voller Schönheit und Güte. Krishna war bekannt als jemand mit übermenschlichen Kräften und wuchs als Kuhhirte in einem Dorf auf. Er wollte sich nicht in den Streit der Pandavas und Kauravas einmischen. Auf Wunsch Arjunas erklärte er sich jedoch bereit, Arjunas Pferde zu lenken und ihm beratend zur Seite zu stehen.

Auch wir können uns an Krishna wenden. Krishna wird einen Weg finden, uns zu helfen. Wir brauchen dazu Vertrauen, Entschlossenheit und etwas Geduld.

1. Kapitel, Vers 4

Arjuna sprach:
„Ich weiß nicht mehr, was meine Pflicht ist. Furcht und Schwäche haben mich überwältigt. Lieber Krishna, ich möchte nun dein Schüler sein und von dir lernen, was das Beste für mich ist." (BG 2.7)

Wer bin ich?

„Dieses Buch ist für mich wie eine Gebrauchsanweisung – was ich machen soll und was nicht."

– Vithushan, 19, Gisikon-Root LU (CH)

Sind wir verzweifelt, sollten wir uns an eine vertrauenswürdige Person wenden.

Kämpfen – ja oder nein?

Arjuna war verwirrt. Sein Herz sagte ihm etwas anderes als sein Kopf. Einerseits fühlte er starke Zuneigung zu seinen Verwandten – auch wenn sie ihm als Feinde gegenüber standen – andererseits wusste er, dass seine Cousins den Königsthron unrechtmäßig an sich reißen wollten. Es war daher seine Pflicht, sich für die Gerechtigkeit einzusetzen. Sollte er auf seinen Kopf oder seine Gefühle hören? In dieser verworrenen Situation bat er Krishna um Hilfe.

Sind wir verzweifelt und wissen nicht, was wir tun sollen, ist es wichtig, uns an eine vertrauensvolle Person zu wenden. Das können unsere Eltern, Geschwister, Verwandte, Freunde oder Lehrer sein. Dafür müssen wir uns nie schämen. Alle können in Situationen kommen, in denen sie Hilfe benötigen.

Manchmal sind wir es, die Unterstützung brauchen, ein anderes Mal sind es Leute aus unserem Umfeld. Wichtig ist, dass wir etwas unternehmen, wenn es uns schlecht geht. Tun wir nichts, drehen sich die Gedanken immer mehr ins Negative. Haben wir niemanden, mit dem wir reden können, hilft es auch, unsere Probleme aufzuschreiben. Wir kriegen sie somit etwas aus dem Kopf und dadurch eine gewisse Distanz. Viele Schwierigkeiten lösen sich mit der Zeit von selbst oder werden unbedeutender. Sehen wir keinen Ausweg, sollten wir uns an einen Notfalldienst wenden. Es gibt eigentlich immer einen Ausweg, wenn wir uns bemühen und etwas Geduld haben.

Arjuna hatte in Krishna einen wunderbaren Freund. Krishna kannte Arjuna bestens und verstand sein Problem. Zusätzlich wusste er, wie er Arjuna helfen konnte. Das spürte Arjuna, deshalb bat er Krishna, dass er sein Lehrer wird. Ab diesem Zeitpunkt unterrichtete Krishna den wissbegierigen Arjuna in den tiefgründigsten Wahrheiten des Lebens.

Krishna sprach:
„Nie hat es eine Zeit gegeben, als ich oder du oder einer dieser Krieger nicht existierte. Und es wird nie eine Zeit geben, wo wir nicht existieren werden."
(BG 2.12)

Wer bin ich?

„Die Bhagavad-Gita ist der Gesang Gottes – ein Lied für die Ewigkeit."

– Laura, 17, Buhlenberg BIR (D)

Unser eigentliches Selbst ist nicht der Körper, sondern die ewige Seele.

Körper und Seele

Krishna beginnt seine Unterweisungen mit der Beschreibung unseres wahren Selbst: die ewige Seele. Der vergängliche Körper ist nicht mein eigentliches Ich – er ist wie eine Wohnung, die ich für einige Zeit benutzen darf. Eines Tages muss ich sie aber verlassen. Der Körper kann auch als Fahrzeug gesehen werden. Sitze ich im Auto, kann ich das Gefährt fortbewegen. Verlasse ich es, ist es tote Materie. Nur ein Verrückter würde behaupten, er sei der Porsche oder der Fiat, den er fährt.

Trotzdem haben wir eine starke Identifikation mit dem Körper. Wir, die Seele, leben seit unserer Geburt darin. Schauen wir in den Spiegel, sehen wir den Körper. Auch unsere Umgebung behandelt uns als Körper und nicht als Seele. Berührt der Zahnarzt den Zahnnerv, spüren wir den Körper. Es ist auch unser Körper, der Müdigkeit, Munterkeit, Hunger, Sättigung, Schmerz usw. erfährt. Die Seele selbst ist das Bewusstsein, die Energie, die den Körper durchdringt.

Es geht noch weiter. Auch die Gedanken, die uns im Kopf herumschwirren, die unterschiedlichen Gefühle, die wir haben, sind nicht unser wahres Selbst. Nicht einmal die Intelligenz, mit der wir so vieles lernen, unterscheiden und umsetzen können, entspricht unserer eigentlichen Identität. Sogar unser Ich-Gefühl, das Ego, ist nicht die Seele.

Der menschliche Körper ist ein wichtiges und wertvolles Instrument, auch für unser spirituelles Leben. Deshalb sollten wir für unseren Körper Sorge tragen. Gemäß den heiligen Schriften Indiens ist der Körper ein Tempel. Denn darin wohnt nicht nur die ewige spirituelle Seele, sondern auch Gott als höheres Selbst, als Überseele. Wir sind nie alleine – Krishna begleitet uns im Herzen überall hin.

Krishna sprach:
„Während des Lebens durchwandert die Seele verschiedene Körperformen – vom Kind zum Erwachsenen und zum alten Menschen. Ähnlich geht sie auch nach dem Tod wieder in eine neue Körperform ein. Ein Weiser lässt sich durch diese Wandlungen nicht verwirren." (BG 2.13)

Wer bin ich?

„Die Bhagavad-Gita offenbart, wer wir eigentlich sind: nicht der Körper, sondern eine unsterbliche Seele."

– Muguntha, 19, Zuchwil SO (CH)

Dieser Vorgang wird Seelenwanderung, Wiedergeburt oder Reinkarnation genannt.

Von einem Körper zum nächsten

Wir betrachten die Entwicklung vom Kind zum Jugendlichen und zum Erwachsenen als etwas ganz Normales. Krishna geht noch weiter: Der Tod ist ebenfalls eine natürliche Phase des Lebens. Er ist nicht das Ende der Existenz, sondern der Übergang zu neuem Leben.

Der Kreislauf von Geburt und Tod kann mit dem Kreislauf der Jahreszeiten verglichen werden. Unsere Jugend ist der Frühling, der mittlere Teil des Lebens der Sommer, und der Herbst wird mit dem Alter verglichen. Der Winter symbolisiert den Tod. Doch nach der kalten, „toten" Winterzeit folgt wieder eine neue Jahreszeit mit neuem Leben.

Unsere Gegenwart ist das Ergebnis der Tätigkeiten, die wir in diesem oder einem früheren Leben ausgeführt haben. Und unsere Zukunft wird ein Produkt unserer Gegenwart sein. Das ist das Gesetz des Karma – Aktion und Reaktion.

Karma ist ein kompliziertes Gesetz. Der Grund liegt an unserem freien Willen. Dazu kommt, dass wir zu einem gewissen Teil auch das Karma unserer Familie teilen, das der Gesellschaft, in der wir leben, und dem Land, in dem wir wohnen. Karma wird manchmal mit „Schicksal" übersetzt. Wir werden noch mehr von diesem wichtigen Thema hören.

Soviel im Moment: Unser Schicksal ist kein Zufall oder „Gottes unergründlicher Wille". Wenn ich akzeptieren kann, dass ich eine Verantwortung für mein Leben trage, hilft es, mein Schicksal besser zu akzeptieren. Damit sind unter anderem meine Stärken und Schwächen gemeint, mein Glück und Leid, und natürlich gehört auch mein eigener Körper dazu. Mit diesen „Geschenken" kann ich lernen, so zu handeln, dass es mir in Zukunft möglichst gut gehen wird. Reinkarnation, Karma, freier Wille und Selbstverantwortung gehören zusammen.

Krishna sprach:
„Der Körper, in dem die ewige, unzerstörbare und unermessliche Seele lebt, muss irgendwann sterben. Deshalb kämpfe, Arjuna." (2.18)

„Die Bhagavad-Gita offenbart uns eine ewige Heimat, jenseits dieser vergänglichen Welt."

– Yana, 18, Lörrach BW (D)

Wenn wir jung und voller Lebenslust sind, ist der Tod kaum ein Thema.

Erfolgreiche Zukunft

Unser wahres Selbst, die Seele, ist den Veränderungen dieser Welt nicht unterworfen. Doch je mehr sie sich mit dem Körper identifiziert, umso mehr leidet sie, wenn es dem Körper schlecht geht oder jemand stirbt.

Nichts ist so sicher wie der Tod. Die Frage ist also nicht, ob wir sterben, sondern wie wir eines Tages dem Tod entgegenblicken werden.

Wenn wir jung sind, ist Tod und Sterben kaum ein Thema – höchstens etwas, das in ferner Zukunft liegt. Schließlich sind wir voller Energie und Lebenslust. Die ersten Erfahrungen mit dem Tod haben wir erst, wenn zum Beispiel ein Haustier oder unsere Großeltern sterben.

Der Verlust einer nahestehenden Person schmerzt immer. Wir fühlen uns innerlich leer und müssen erkennen, wie machtlos wir dem Schicksal des Lebens gegenüber sind. Und zusätzlich steigt in uns eine leise Erinnerung auf, dass auch für uns der Tag kommen wird.

Der Tod ist unsere letzte Prüfung im Leben, da unser Bewusstsein im Augenblick des Todes unsere Zukunft bestimmt. Je mehr Liebe wir zu Gott und den Lebewesen entwickelt haben, je mehr wir uns aus dem materiellen Bewusstsein befreien konnten, umso friedlicher wird unser Sterben und umso besser wird unsere Zukunft sein.

Indem wir akzeptieren, dass der Tod eines Tages anklopfen wird, wollen wir unsere Zeit noch viel bewusster leben. Lasst uns alle guten Möglichkeiten nutzen, die wir erhalten und auch dankbar sein für die Erfahrungen, die wir machen dürfen. Wir wollen lernbereit bleiben und so oft wie möglich das tun, was wir am liebsten machen. Und ganz wichtig: auch unseren Mitmenschen helfen! Wenn wir dabei an Gott denken, wird unser Leben, unser Sterben und unsere Zukunft erfolgreich sein. Das ist Krishnas Versprechen.

1. Kapitel, Vers 8

So wie Schauspieler ihre Gewänder wechseln, um andere Rollen zu spielen, so wechseln die Seelen auf der Bühne des Lebens ihre zeitweiligen Körper.

Im Shoppingcenter des Lebens

Alte, unerwünschte Kleider durch neue Gewänder zu ersetzen, ist einfach und macht wohl allen Spaß. Den (alten) Körper hingegen aufzugeben, fällt den meisten schwer. Und freudvoll ist es auch nicht.

Wenn wir auf dem Sterbebett liegen, kann das Atmen schwer werden. Dadurch kommt weniger Sauerstoff in die Muskeln und ins Gehirn. Das führt zu einer Lähmung des Körpers und zu einem gedanklichen Durcheinander im Kopf, was viele verängstigt. Äußerlich oft kaum wahrnehmbar, ist dieser Zustand für die Seele sehr schmerzhaft. Das ist vor allem dann der Fall, wenn sie noch nicht zum Gehen bereit ist und weiterhin im Körper bleiben möchte.

Jene Leute, die als Sterbebegleiter Mitmenschen in den letzten Lebensphasen helfen, sagen, dass das Sterben friedlich ist, wenn die Person loslassen kann. Möchte sie aber noch nicht gehen, werden die letzten Augenblicke ein harter, aussichtsloser Kampf sein.

Soweit muss es nicht kommen. Wer ein möglichst bewusstes Leben führt, anderen hilft und an Gott und das Gute glaubt, wird ein angstfreies Leben und Sterben erfahren.

Die Bhagavad-Gita ist ein idealer Begleiter im Leben und auch im Tod. Lassen wir uns immer wieder von den Weisheiten und praktischen Tipps dieses heiligen Buches inspirieren. Auf diese Weise dürfen wir einem erfüllten und zufriedenen Leben entgegenschauen. Gott ist immer für uns da, selbst wenn wir ihn vergessen sollten.

Krishna sprach:
„Wie der Mensch alte Kleider gegen neue tauscht, so gibt die Seele den alten Körper auf und nimmt einen neuen an." (BG 2.22)

Wer an das Gute und Gott glaubt, wird ein angstfreies Leben haben.

Krishna sprach:
„Die Seele kennt weder Geburt noch Tod – sie ist ewig und zeitlos. Die Seele wird nicht getötet, wenn der Körper zerstört wird." (BG 2.20)

Wer bin ich?

„The Bhagavad-Gita expresses a deep wisdom far beyond this body and temporary world".

– Dmitri, 19, New York City (USA)

Unsere Einzahlungen ins spirituelle Bankkonto werden nie verloren gehen.

Die Zukunft ist jetzt

So wie ein Haus zerfällt, wenn es nicht mehr bewohnt wird, so zersetzt sich der Körper, wenn der Tod eintritt. Der schönste und kräftigste Körper ist wertlos, wenn die Seele ihn verlassen hat. Der menschliche Körper ist ein ideales Instrument, um aus dem Kreislauf der Geburten und Tode befreit zu werden.

Später erfahren wir von den unterschiedlichen Erscheinungsweisen der Natur, die unser Denken und Handeln fesseln wie Seile. Der Vorgang, sich von diesen Fesseln zu befreien, wird von Krishna ausführlich beschrieben werden. Seelen in Tierkörpern haben kaum Chancen, sich von ihrem körperlichem Bewusstsein zu befreien. Menschen haben jedoch die Möglichkeit, das materielle Dasein zu überwinden.

Investieren wir in die Zukunft, wird unser Leben sicher besser werden. Sind wir aber faul und geben nur das Minimum, ist das Risiko groß, kein erfülltes Leben zu erlangen.

Die Schule macht nicht immer Spaß. Sich ruhig verhalten, aufpassen, Hausaufgaben machen, Prüfungen schreiben – da ist die Freizeit, in der wir sorglos herum hängen können, so viel cooler. Doch wer sich während der Schulzeit bemüht, wird später bessere Möglichkeiten haben, ein freies, selbstbestimmtes Leben zu führen.

Ähnlich ist es mit unserem spirituellen Bankkonto. Was wir jetzt darauf einzahlen, bleibt für immer bestehen. Wenn der Körper eines Tages altert und verfällt, bleiben unsere Tätigkeiten in Verbindung zu Gott eine feste Anlage. In dieser fernen Zeit wird nur noch das Bestand haben, was wir als liebenden Dienst zu Gott und den Mitmenschen getan haben. Verpassen oder verschieben wir diese wertvollen Möglichkeiten nicht. Die beste Zeit ist jetzt!

Krishna sprach:
„Waffen können die Seele nicht zerstören, Feuer nicht verbrennen, Wasser nicht durchnässen und der Wind sie nicht austrocknen." (BG 2.23)

Magische, mächtige Waffen

Wir befinden uns mit Arjuna und Krishna auf einem Schlachtfeld. Auf beiden Seiten sind die Krieger mit machtvollen Waffen ausgestattet. Einige dieser Waffen sind uns bekannt: Dolche, Schwerter, Lanzen, Keulen, Pfeil und Bogen. Daneben gab es auch mystisches Kriegsmaterial, das heute in der Form nicht mehr bekannt ist. Beispielsweise hatte Arjuna einen Köcher mit Pfeilen, der sich von selbst füllte, wenn er leer war. Es gab magische Pfeile, die mit geheimen Worten losgeschickt werden konnten. Sie trafen den Feind immer – ungeachtet, wo er sich aufhielt oder versteckte. Es gab sogar eine Art atomare Zerstörungswaffe, die ebenfalls durch bestimmte Worte, sogenannte Mantras, entzündet werden konnte. Logischerweise hatten nur wenige Zugang zu diesen mächtigen Zerstörungswaffen. Wer sie erhielt und benutzen durfte, musste anspruchsvolle Voraussetzungen erfüllen. Solches Geheimwissen wurde gewöhnlichen Menschen nie offenbart. Selbst wenn sie es hätten erlangen können, wären sie nicht in der Lage gewesen, es einzusetzen. Für diese mächtigen Waffen gab es einen speziellen Schutz – weit mehr, als das Knacken eines komplizierten Passwortes.

Alle Waffen, die auf dem Schlachtfeld eingesetzt wurden, konnten die Feinde töten – nicht aber deren Seelen. Keine Macht dieser Welt wird jemals in der Lage sein, eine Seele auszulöschen. Alle Seelen sind unzerstörbare Teile Gottes.

Wie wir im nächsten Kapitel erfahren werden, können wir mit unserem Körper wertvolle und wichtige Tätigkeiten ausführen – für uns, die Gesellschaft und Gott. Diese Handlungen sind auch von großem Nutzen für unsere ewige Seele.

„In der Bhagavad-Gita vernehmen wir Krishnas Worte der Weisheit, die den Menschen Trost und Hoffnung geben können."

– Mandali, 15, Abentheuer BIR (D)

Die Waffen konnten zwar die Feinde töten, nicht aber deren Seelen.

2. Kapitel

Was soll ich tun?

Im 1. Kapital haben wir gelesen, dass wir die Seele sind und einen Körper haben – nicht umgekehrt. Was machen wir nun mit dieser Erkenntnis? Und wie setzen wir unseren Körper und die damit verbundenen Fähigkeiten am besten ein?

In diesem Kapitel lernen wir, was richtiges und was falsches Handeln ist.

Krishna fasst es folgendermaßen zusammen: „Lieber Arjuna, kämpfe um des Kampfes willen. Betrachte Glück und Leid, Gewinn und Verlust, Sieg und Niederlage mit gleichen Augen. Auf diese Weise wird dein Handeln tadellos sein." (BG 2.38)

Krishna sprach:
„Ich habe dir bisher umfassendes Wissen über die Seele vermittelt. Vernimm jetzt die Weisheit des richtigen Handelns. Durch dieses Wissen kannst du dich von der Fessel des Karmas befreien. Wer auf diese Weise handelt, ist entschlossen und beharrlich. Die Gedanken der Unentschlossenen sind jedoch endlos und vielverzweigt." (BG 2.39, 2.41)

Was soll ich tun?

"Die Bhagavad-Gita gibt uns viele praktische und wertvolle Informationen fürs Leben."

– Aarathana, 19, Oensingen SO (CH)

Im Einfachen liegt oft viel Tiefe, Schönheit und Glück.

Freund und Feind

An einer Stelle sagt Arjuna zu Krishna: „Der Geist ist wankelmütig und widerspenstig. Ihn unter Kontrolle zu bringen, ist schwieriger als den Wind zu bändigen" (BG 6.34). Der Geist ist jener „Freund" hinter der Stirn, der oft eher wie unser Feind handelt. Er ist die Instanz im Kopf, die zu Faulheit, Bequemlichkeit und unnötigen Sorgen und Ängste neigt. Der Geist ist eigentlich immer aktiv, sogar wenn wir schlafen. Über dem Geist steht die Intelligenz. Haben wir unser „brain department" gut im Griff, macht uns der Geist keine allzu großen Schwierigkeiten. Auch durch ein starkes Herz lässt sich der Geist bändigen.

Es kommt jedoch vor, dass wir weder mit unserer Intelligenz noch mit dem Herzen den verrückten Geist zur Vernunft bringen können. Dann hilft wohl nur, was Goethe die drei Buchstaben zum Erfolg nannte: TUN. Nichts machen und den Geist ungehindert seine „Runden drehen" lassen, kann zu Schwermut oder gar Depressionen führen.

Es gibt ja immer was zu tun – ein Buch lesen, ein Musikinstrument spielen, Sport machen usw. Oder auch ganz einfache Dinge: Zimmer aufräumen, den Eltern helfen oder schon lang anstehende Sachen erledigen. Studien haben gezeigt: Wer als Kind oder Jugendlicher nie eintönige, Tätigkeiten im Haushalt ausführen musste (z.B. Geschirr abtrocknen oder Küche reinigen), wird es später schwer haben, ein erfolgreiches Leben zu führen. Im Einfachen liegt oft viel Tiefe, Schönheit und Glück.

Wenn unser Kopf und unser Handeln nicht so kompliziert verwoben sind wie die Äste eines Baumes, befinden wir uns wohl bereits auf der spirituellen Reise des Lebens. Auf dieser spannenden Reise kann uns die Bhagavad-Gita als guter Freund begleiten.

Krishna sprach:
„Dir steht das Recht zu, Handlungen auszuführen, nicht aber das Ergebnis deiner Handlungen. Lass dich niemals von den Früchten deines Tuns leiten. Nichts tun ist jedoch ebenso falsch." (BG 2.47)

Was soll ich tun?

"Die Lehren der Bhagavad-Gita sind sowohl einfach als auch anspruchsvoll."

– Nastasia, 14, Bülach ZH (CH)

Wichtiger als die Anzahl an Toren ist ein gutes Fußballspiel.

Handeln ohne Ergebnisse?

In dieser Welt sind alle gezwungen zu handeln, sonst ist es nicht möglich zu leben. Doch jede Handlung, die ausgeführt wird, bringt eine Reaktion mit sich. Das ist das Gesetz des Karma.

Wenn wir handeln, gibt es ein Ergebnis. Je nach dem, was herauskommt, betrachten wir es als ein gutes oder schlechtes Ergebnis. Ob wir Fußball spielen, Hausaufgaben machen oder basteln – aus Bemühungen entsteht immer etwas.

Nehmen wir das Beispiel Fußball. Ein Nationaltrainer sagte einmal, dass zu viel auf das Torergebnis geschaut wird. Er würde lieber guten Fußball spielen und weniger Tore schießen als umgekehrt. „Klar", fügte er lächelnd an, „wer gut spielt, erzielt meist auch ein tolles Resultat." Mit anderen Worten: Obwohl das Ergebnis oft überbewertet wird, ist die Handlung wichtiger. Der Grund: Wir haben nur auf unser Handeln einen direkten Einfluss, nicht jedoch auf das Resultat.

Ein anderes Beispiel: Prüfungen in der Schule. Selbstverständlich wollen alle ein gutes Ergebnis. Doch die Prüfungsnote gibt der Lehrer, nicht wir. Was wir direkt beeinflussen können, ist unsere ernsthafte Vorbereitung und das konzentrierte Arbeiten während der Prüfung. Haben wir unser Bestes gegeben, darf uns ungeachtet des Resultates niemand kritisieren – weder die Lehrer, die Eltern noch wir selber.

Es ist nicht so einfach, sich aktiv zu bemühen und fleißig zu sein, ohne Anhaftung an die Ergebnisse. Lernen wir jedoch, diesen Ratschlag Krishnas umzusetzen, werden wir weniger Stress haben. Dazu kommt, dass die Chancen besser stehen, unsere Ziele zu erreichen. Und vielleicht das Wichtigste: Wenn wir begriffen haben, dass wir zwar die Verantwortung für unser Handeln tragen – jedoch nicht für das Ergebnis –, werden wir im Auf und Ab des Lebens viel zufriedener sein.

Krishna sprach:
„Wer sich durch die Flut zahlreicher Wünsche nicht stören lässt, erlangt Frieden, so wie das Meer trotz des ständigen Zustroms von Flüssen ruhig bleibt. Wer jedoch versucht, seine vielen Wünsche zu befriedigen, findet keinen Frieden."
(BG 2.70)

Was soll ich tun?

Gute Diener, schlechte Meister

Wünsche haben wir während des ganzen Lebens. Wir spüren sie jedoch besonders stark, wenn Körper und Sinne „im vollen Saft" sind – in den Jugendjahren. Einem jungen Menschen zu sagen, er solle seine Wünsche nicht befriedigen, ist wie einem hungernden Menschen vorzuschlagen, er solle fasten.

Wen nervt nicht schon ein Kleinkind im Supermarkt, das lautstark schreit, wenn ihm die Mutter eine begehrte Süßigkeit oder ein gewünschtes Spielzeug nicht kaufen will? Soll die Mama – der Ruhe zuliebe und wegen den kritischen Blicken – nachgeben? Wäre dies für die weitere Entwicklung des Kindes vorteilhaft? Auch hier gilt es, eine gesunde Balance zu erreichen.

Krishna zeigt auf, wohin ungezügelte Sinne führen können: „Richtest du deine Sinne auf begehrte Objekte, entwickelst du Anhaftung an sie. Dadurch nehmen deine Wünsche zu. Durch allzu viele Wünsche entsteht Zorn. Dieser führt zu Täuschung, welche Vergesslichkeit bringt. Dies wird letztlich deine Intelligenz zerstören. Und ohne deine Intelligenz bist du verloren." (BG 2.62–63)

Lernen wir nicht, den nie endenden Wünschen in einem gesunden Maß zu widerstehen, kann das zu einer Leidenschaft und Gier führen, die uns ins Abseits manövriert.

Wer weiß, dass die Sinne gute Diener, aber schlechte Meister sind, bewegt sich auf einem sicheren Pfad. Es ist natürlich, Sinnesfreuden genießen zu wollen. Doch sollten wir auch verstehen, dass auf den Genuss oft Leid folgt. Ein gesundes Leben bedeutet, Sinne und Geist ausgeglichen zu halten. Die Sinne können leicht kontrolliert werden, wenn wir die innere Zufriedenheit der Seele kosten können. Und wo Zufriedenheit herrscht, ist auch Frieden.

„Die Bhagavad-Gita beschreibt einen einfachen Weg zum Frieden: Liebe zu Gott und zu seiner Schöpfung."

– Shabina, 17, Zufikon AG (CH)

Jugendliche sollen ihre Wünsche nicht befriedigen? Das ist wie einem hungernden Menschen zu sagen, er solle fasten.

Arjuna fragte:
„Krishna, warum drängst du mich, an dieser schrecklichen Schlacht teilzunehmen? Du hast doch gesagt, Wissen sei höher als Handeln." (BG 3.1)

Arjuna ist verwirrt, denn auch wer Wissen hat, muss handeln. Ohne tätig zu sein, kann niemand leben.

– Wäscherin in Kurukshetra (Nordinden)

Wissen und Handlung sind ein wunderbares Paar, das sich ideal ergänzt.

Action mit Köpfchen

Wissen nützt nur dann, wenn es praktisch umgesetzt werden kann. In der Schule lernen wir viel theoretisches Wissen. Nur einen kleinen Teil davon können wir im Leben einsetzen. Trotzdem ist lernen wichtig – nicht nur in der Jugend. Das Gehirn ist wie ein Muskel. Wird er nicht aktiv benutzt, macht er schlapp.

Eine der Haupttätigkeiten des Gehirns ist aufgenommenes Wissen zu ordnen und in die verschiedenen Gehirnregionen zu verteilen. Wird Wissen benötigt, holt es das Geforderte aus den hinterlegten Abteilungen wieder hervor und setzt es neu zusammen. Es gibt Millionen von Verbindungen zwischen den Milliarden von Gehirnzellen.

Damit das alles wie geschmiert laufen kann, wird Wasser und Sauerstoff benötigt. Und natürlich Training. Sonst werden die Gehirnwege verstopft, ähnlich wie unbenutzte Wege mit der Zeit von Gras und Dickicht überwachsen werden. Das soll unserer Intelligenz-Abteilung nicht passieren.

Tätig sein ohne eine fundierte Wissensgrundlage ist wie Fahrradfahren ohne Kette – wir können noch so fleißig in die Pedale treten – vorwärts kommen wir nicht.

Ist etwas nicht klar, sollten wir fragen. In der Schule denken wir manchmal, wir würden uns vor der ganzen Klasse blamieren, wenn wir die Hand hochheben und zugeben, etwas nicht begriffen zu haben. Doch meist sind die anderen dankbar, wenn wir uns trauen zu fragen. Die Chancen sind groß, dass sie es auch nicht gecheckt haben. Arjuna stellte ebenfalls immer wieder Fragen. Er war wissbegierig und respektvoll seinem Lehrer gegenüber. Das freute Krishna. Deshalb nahm sich Krishna gerne die Mühe, Arjunas Fragen geduldig zu beantworten.

Krishna sprach:
„In dieser Welt gibt es zwei Wege, um voranzuschreiten: Die einen sind geneigt, den Pfad des Wissens zu gehen, die Tatkräftigen bevorzugen den Pfad des Handelns." (BG 3.3)

Was soll ich tun?

Wissen aufnehmen und weiter geben zu können, macht einen bestimmten Menschentyp glücklich.

Das Leben ist zu kurz, um den falschen Job auszuüben.

„We can get there!"

Was für die einen richtig ist, mag für die anderen falsch sein. Einige gehen gerne zur Schule. Neues Wissen aufzunehmen, finden sie spannend. Sogar die Prüfungen sind nicht unbedingt ein Problem, da sie gerne lernen. Andere können kaum warten, bis die Schule vorbei ist. Sie möchten endlich arbeiten, Geld verdienen oder eine Berufslehre machen.

Alle haben ihre Stärken. Vielleicht sind wir handwerklich geschickt, können Computer programmieren, sind technisch begabt. Es gibt Menschen mit künstlerischen Talenten, die zum Beispiel wunderbar singen, kreativ malen, musizieren oder schauspielern. Andere haben eine natürliche Fähigkeit fürs Business, können gut organisieren oder sind talentierte Redner. Und wieder andere lieben es zu studieren, zu forschen, wissenschaftliche Texte zu schreiben oder als Lehrer andere zu unterrichten.

Manche wissen schon früh, was sie beruflich machen wollen. Doch nicht wenige tun sich schwer mit der Entscheidung. Wir sollten auf unser eigenes Gefühl hören, aber auch Ratschläge unserer Eltern, Lehrer, Berufsberater und Freunden anhören. Es geht um unser Leben – und die Verantwortung liegt im Endeffekt bei uns.

Aus diesem Grund sollten wir nicht aufgeben, bis wir unsere Lebensaufgabe gefunden haben. Da braucht es nicht nur Entschlossenheit, sondern auch Geduld, Feingefühl und etwas Flexibilität. Lasst uns mit Leuten sprechen, die das tun, was uns inspiriert. Machen wir eine Schnupperzeit, um herauszufinden, ob uns eine bestimmte Tätigkeit liegt. Schließt sich die eine Tür, wird sich eine andere öffnen. „Der Unterschied zwischen Erfolgreichen und Verlierern ist nicht so groß – der Erfolgreiche hat einfach nicht aufgegeben." Nehmen wir uns daher die Zeit, die wir benötigen. Früher oder später werden wir das Richtige finden. Dann erst sind wir glücklich.

Krishna sprach:
„Erfülle die Tätigkeiten, die für dich bestimmt sind. Handeln ist besser als Untätigkeit. Ohne zu handeln, kannst du nicht einmal deinen Körper erhalten."
(BG 3.8)

Was soll ich tun?

Wir alle sind Diener

„Alle Lebewesen müssen – selbst gegen ihren Willen – gemäß ihrer jeweiligen Natur handeln." Das sind Krishnas klare Worte (BG 3.5). Es bringt nichts, unsere Natur zu unterdrücken. Früher oder später werden unsere natürlichen Neigungen wieder hervortreten.

So erging es auch Arjuna. Im Moment war es für ihn unbequem, seine Pflicht als Krieger zu erfüllen. Deshalb dachte er, Mönch zu sein wäre besser, denn Mönche müssen keine Kriege gegen ihre Verwandten führen. Arjuna wollte das Kämpfen also nicht aufgeben, weil er für Frieden war. Nein, dieser Krieg war für ihn einfach „too much". Deshalb suchte er einen Ausweg, sich der Herausforderung zu entziehen. Doch schon bald wäre seine eigentliche Kämpfernatur wieder zum Vorschein gekommen – auch als Mönch.

Mit unserer Intelligenz kreieren wir manchmal ganz schlaue Ausreden. Und nicht selten funktionieren sie. Krishna können wir jedoch nicht hinters Licht führen. Er wohnt in unserem Herzen und kennt uns besser als wir uns selbst. Trotzdem ist er geduldig und wartet, bis wir bereit sind, uns für die Wahrheit zu öffnen.

Niemand ist in der Lage, nur einen Augenblick untätig zu sein. Wir tun immer etwas. Sogar sitzen, nichts tun und schlafen sind Tätigkeiten. Das ist nicht nur für den Körper so, auch für den Geist. Kann er nichts tun, an nichts denken?

Die Seele ist von Natur aus geneigt zu handeln und zu dienen. Jede Form der Erziehung, der Aus- und Weiterbildung sollte diesem natürlichen Bedürfnis Rechnung tragen. Wie wunderbar könnte die Gesellschaft sein, wenn gegenseitiges Dienen gefördert würde? Selbstloses und liebevolles Dienen – Gott und seiner Schöpfung – ist eine spirituelle Handlung, die uns zu ihm zurück bringen wird.

„Die Bhagavad-Gita ist mein Antriebsmotor, um die vielen Herausforderungen des Alltags zu bewältigen."

– Nandai, 15, Brücken BIR (D)

Krishna wohnt in unserem Herzen und kennt uns besser als wir uns selbst.

2. Kapitel, Vers 7

Krishna sprach:
„Führe deine Arbeit als eine Opfergabe für Gott aus, sonst binden dich deine Tätigkeiten an diese Welt. Wenn du deine Handlungen zur Freude Gottes ausführst, wirst du immer frei sein." (BG 3.9)

Gebrauchsanweisung fürs Leben

Kaufen wir ein neues Gerät, tun wir gut daran, die beigelegte Gebrauchsanweisung zu studieren. Wir werden dann nicht nur das Gerät optimal nutzen können, sondern auch vermeiden, dass es durch falsche Anwendung beschädigt wird.

Wie alle offenbarten Schriften ist die Bhagavad-Gita eine Gebrauchsanweisung für ein erfülltes Leben. Krishna gibt uns durch die Gita viele wichtige Tipps, zum Beispiel: Nach welchen Gesetzmäßigkeiten wurde der materielle Kosmos kreiert? „Bei der Erschaffung des Universums entsandte der Schöpfer nicht nur Generationen von Lebewesen, sondern auch die entsprechenden religiösen Opfervorgänge." (BG 3.10) Wer Opfer darbringt, bekommt seine Wünsche erfüllt.

Werden die *Devas* (himmlische Wesen) durch die Opfergaben der Menschen genährt, so nähren sie auch die Menschen. Die bereits zitierte gesunde Balance, die uns die Gita empfiehlt, bezieht sich auch aufs Geben und Nehmen. Von der Natur und den dahinter stehenden Gottheiten erhalten wir alles Notwendige, wie Luft, Licht, Wasser, Nahrung usw. Unser Opfer an sie sind vor allem Dankbarkeit für diese nicht selbstverständlichen Gaben. Dazu gehört auch, dass wir diese wichtigen Ressourcen nicht verschwenden.

Wenn wir unsere Tätigkeiten mit einem Bewusstsein der Dankbarkeit für Gott ausführen, sind auch die zahlreichen *Devas* zufrieden gestellt. Wenn wir die Wurzel eines Baumes bewässern, werden auch die Äste und Zweige genährt.

Wir können eigentlich jede Tätigkeit Gott widmen – außer wenn wir durch unsere Arbeit anderen Lebewesen schaden. „Ich mache meine Arbeit jetzt zur Freude Gottes". – „Die von mir gehassten Hausaufgaben mache ich heute als eine Opfergabe für Gott".

Von außen betrachtet kann man nicht unbedingt unterscheiden, ob jemand zur Freude Gottes handelt oder nicht. Es hängt vom Bewusstsein und weniger von der Tätigkeit ab.

> **Bewässern wir die Wurzel eines Baumes, werden auch seine Äste und Zweige genährt.**

Krishna sprach:
„Edle Menschen, die ihre Nahrung vor dem Essen in Liebe Gott darbringen, werden von allen schlechten Reaktionen befreit. Wer Nahrung nur für den eigenen Genuss zubereitet, wird Leid erfahren."
(BG 3.13)

Was soll ich tun?

Für Körper, Geist und Seele

Obwohl wir täglich essen, sind wir uns kaum bewusst, was für ein komplexer und umfangreicher Vorgang dahinter steckt: Fruchtbare Erde, Regen und Sonne sind nur die ersten Voraussetzungen. Samen müssen ausgesät, die jungen Pflanzen gehegt werden. Es folgt das Ernten, Verpacken, Verschicken und Auspacken der Nahrungsmittel; dann müssen sie gewaschen, geschnitten und zubereitet werden.

Heute ist auch die Nahrungsbeschaffung eine Großindustrie geworden. Es geht um die Menge und einen möglichst günstigen Preis.

Viele stillen ihren Hunger mit Junk Food. Wer jedoch erfahren hat, wie frische, gesunde Nahrung schmeckt, die darüber hinaus mit Liebe zubereitet und serviert wird, möchte sie kaum gegen Fast Food tauschen.

Ayurveda ist Indiens alte Lehre der Gesundheit. Sie sagt, dass wir mit der Nahrung nicht nur unseren Körper ernähren, sondern auch das Bewusstsein. „Man ist, was man isst."

Essen ist auch etwas Emotionales. Wir lassen uns nicht gerne vorschreiben, was wir essen oder nicht essen sollen. Wer hat das Recht, uns beim persönlichen Geschmack reinzureden? Nahrungsaufnahme ist auch etwas Intimes, weil wir das Essen in unseren Körper aufnehmen. Da sind wir zu recht wählerisch.

Krishna sagt, dass Nahrung, die nicht Gott geweiht wird, zu Leid führt. Es ist erwiesen, dass ein Großteil der Krankheiten durch falsche Ernährung entstehen. Deshalb sollten wir unserer Gesundheit, der Umwelt und den Tieren zuliebe nur pflanzliche Vollwertnahrung zu uns nehmen. Wer das Essen darüber hinaus liebevoll Gott weiht, wird nicht nur körperlich, sondern auch im Bewusstsein erfüllt sein. *Bon appétit!*

Es kann ein stilles Gebet mit einfacher Nahrung sein – oder reichhaltige Opfergaben. Das Wichtigste ist immer die liebende Hingabe.

Essen ist etwas Emotionales und Intimes – achten wir deshalb auf die Qualität der Nahrung und das Bewusstsein beim Kochen.

2. Kapitel, Vers 9

Krishna sprach:
„Das Leben wird durch Nahrungsmittel wie Getreide erhalten; Getreide wird durch Regen genährt; Regen hängt von den Opfergaben ab; Opfer entstehen durch pflichtgemäßes Handeln." (BG 3.14)

Was soll ich tun?

Der kosmische Zyklus

Pflichtgemäßes Handeln ist nicht launenhaftes Handeln. Die heiligen Schriften beschreiben die menschlichen Pflichten. Wer sie erfüllt, wird keinen Mangel an den Gaben der Natur erleiden.

Alles ist Teil des kosmischen Zyklus. Sowohl zu wenig Regen als auch Überschwemmungen sind Zeichen, dass der kosmische Kreislauf gestört wurde. Wir sind auf einen gesunden Ausgleich von Regen und Sonnenschein angewiesen. Diese natürliche Harmonie erhalten wir durch das Wohlwollen der *Devas* – himmlischen Wesen, die im Auftrag Gottes das Universum verwalten.

Viele Jugendliche denken, Freiheit bedeutet, nach Lust und Laune walten zu können. Das ist vielleicht während den Schulferien möglich, doch nur, weil die Eltern für unseren Erhalt aufkommen. Sind wir für uns selbst verantwortlich, ist es unumgänglich, sich einem bestimmten System unterzuordnen.

Krishna empfiehlt, uns Gottes Führung anzuvertrauen. Indem wir zu Gott beten, um seine Unterstützung zu erhalten, nehmen wir eine Beziehung zu ihm auf. Wenn wir Gott und seine heiligen Namen lobpreisen, sind wir ebenfalls mit ihm verbunden. Auch indem wir all unsere Tätigkeiten ihm weihen, bewegen wir uns innerhalb von Gottes Gnadenzone.

Diese Verbindung zu Gott wird im Sanskrit „Yoga" genannt. Yoga ist weit mehr, als das hierzulande bekannte *Hatha-Yoga*, obwohl wir auch durch körperliche Übungen eine Verbindung zu Gott herstellen können. Das ist möglich, wenn wir diesen Körper als Tempel Gottes sehen, ihn fit halten und in seinem Dienst einsetzen. Wenn wir dabei im Herzen all unsere Tätigkeiten Gott weihen, haben wir die Essenz von Yoga erkannt und erfüllen die pflichtgemäßen Handlungen, wie sie Krishna in diesem Vers empfiehlt.

Millionen von Menschen haben zu wenig Nahrung. Genügend Gemüse, Früchte und Getreide sind keine Selbstverständlichkeit. Mutter Natur ist großzügig und geduldig, doch sollten wir ihre Güte nicht ausnutzen.

> **Nach Lust und Laune walten zu können ist eigentlich nicht Freiheit, sondern nur ein Diktat des Geistes.**

Krishna sprach:
„Unwissende handeln nur für sich selbst. Auch Weise sollten handeln, jedoch selbstlos und zum Nutzen aller." (BG 3.25)

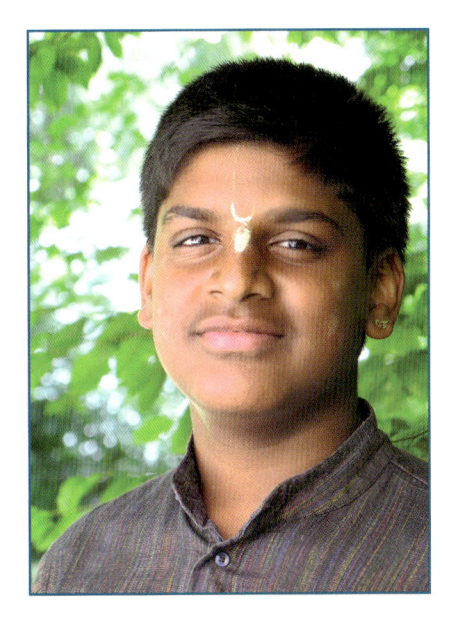

"Ich versuche nach der Bhagavad-Gita zu leben, denn sie ist für mich ein heiliges Buch."

– Apish, 13, Wetzikon ZH (CH)

Die Bhagavad-Gita zeigt uns ein extremes Beispiel: Arjuna sollte zum Wohle aller einen Krieg gegen seine Verwandten führen.

Die Glücksformel

Es gibt natürlich nicht nur Weise und Unwissende. In allen von uns steckt ein bisschen von beiden. Krishna erklärt hier, was wir nicht tun sollten und wie wir idealerweise handeln müssten.

Egoisten mag niemand. Eigentlich kann sich der Egoist nicht einmal selbst mögen, denn er verpasst die Freuden der Weisen. Ein Weiser versteht, dass das Glück nur indirekt zu ihm kommt. Indem er andere glücklich macht, erfährt er mehr Glück, als wenn er versucht, sich selber zu beglücken.

Doch das meiste tun wir für uns – auch dann, wenn wir anderen helfen. Ohne die Zufriedenheit, die wir dadurch erfahren, würden die wenigsten hilfsbereit sein. Vielleicht hat Krishna das Glückshormon bewusst so geschaffen, damit wir motiviert sind, für andere da zu sein.

Eigentlich wäre es einfach: Lieben wir jemanden, handeln wir gerne für das Wohl dieser Person. Fehlt die Liebe, ist es schwieriger.

Krishna wird Arjuna bitten, seine Kriegertätigkeiten mit liebender Hingabe zu Gott auszuführen. Da zeigt uns die Gita ein ganz extremes Beispiel. Arjuna musste in den Krieg gegen seine Verwandten ziehen. Er wird es schaffen – dank seiner Selbstlosigkeit und seiner Hingabe zu Krishna.

Auch wir können dies in unserem Aufgabenbereich umsetzen, indem wir so oft wie möglich versuchen, all unsere Tätigkeiten – die angenehmen und unangenehmen – als Dienst an Gott auszuführen. Dann haben wir verstanden, wie Handeln in der Bhagavad-Gita empfohlen wird. Und wie bei Arjuna wird uns Krishna zur Seite stehen und uns auf unserem Weg zurück zu Gott liebevoll begleiten und unterstützen.

3. Kapitel

Chillen? Wie entspannen?

Als Jugendliche sind wir in vielen Sachen extrem – entweder hyperaktiv, unterfordert oder können vor lauter Power keine Sekunde still sitzen. Dann wieder sind wir schlapp, gleichgültig und würden am liebsten nur schlafen oder einfach herumhängen.

Solange der Körper nicht ausgewachsen ist, wird er mit einer großen Menge Energie versorgt. Das sehen wir auch bei kleinen Kindern – sie rennen gern und viel herum. Als Teenager kommt noch anderes auf uns zu: Menstruation, Stimmbruch, Loslösung vom Elternhaus, das Entdecken der sinnlichen Welt, Grenzen überschreiten und so fort.

Die Kunst sich zu entspannen, in sich zu gehen und zu meditieren, ist in jedem Alter wichtig und immer eine wertvolle Bereicherung. Doch auch das muss gelernt sein. In der Bhagavad-Gita erhalten wir hilfreiche Tipps dazu.

Krishna sprach:
„Wer weder im Glück übermäßig jubelt noch im Unglück verzagt, ist in Weisheit verankert." (BG 2.57)

Chillen? Wie entspannen?

Sie kommen zusammen

Darf ich nicht jubeln und glücklich sein, wenn ich erfolgreich bin oder mein Lieblingsfußballklub ein Tor schießt? Mag uns Krishna die Freuden, die uns das Leben schenkt, nicht gönnen?

„Glück und Leid, Erfolg und Niederlage, Gewinn und Verlust sind wie das Kommen und Gehen von Sommer und Winter." (BG 2.14) Es sind Paare, die zwar gegensätzlich sind, aber doch zusammen kommen. Ein altes Sprichwort lautet: „Stoße ich das Tor zum Glück auf, lade ich auch das Unglück ein." Wir kriegen das eine nicht ohne das andere.

Auch hier geht es darum, das Extreme zu vermeiden. Wer sich zu stark am Erfolg ergötzt, wird umso frustrierter sein, wenn sich das Gegenteil manifestiert. Und das wird so sicher kommen wie der Winter nach dem Sommer.

Nehmen wir noch einmal den Fußball – eine wunderbare Lebensschule für Kinder und Jugendliche! Ein Vorteil ist das Spielen im Team. Egoisten werden lernen, sich unterzuordnen, sonst müssen sie zu einer Einzelsportart wechseln. Auch werden wir erfahren, dass Gewinnen und Verlieren Teil des Lebens sind. Selbst wenn wir die Gegenmannschaft besiegt haben, beginnt das nächste Spiel wieder bei null. Und sind wir die Verlierer, ist das auch nicht das Ende der Welt; es wird wieder neue Chancen zum Gewinnen geben. Wer wie ein Gentleman gewinnen und verlieren kann, wird Spaß an diesem Sport haben – ungeachtet des Resultates.

Krishna lehrt uns, mit der unvermeidlichen Achterbahn der Gefühle möglichst cool umzugehen. Wer seine Aufmerksamkeit nicht nur auf das Äußere richtet, sondern seinen Blick auch nach innen wenden kann, wird die Kunst des Meditierens leicht erlernen. Meditation hilft uns, das Leben von einer tieferen Seite zu erfahren.

Ein ausgeglichenes Bewusstsein heißt nicht, keine Emotionen zu zeigen. Wer die erfolgreichen, glücklichen Situationen im Leben dankbar annimmt, ist ebenfalls eine weise Person.

Krishna lehrt uns, mit der unvermeidlichen Achterbahn der Gefühle möglichst cool umzugehen.

Krishna sprach:
„Wer frei von Ego und Besitzansprüchen ist und sämtliche Begierden aufgibt, lebt wunschlos glücklich und erreicht inneren Frieden." (BG 2.71)

Chillen? Wie entspannen?

Was heißt spirituell?

Friede ist einfach, wenn alles so läuft, wie wir es uns wünschen. Doch in dieser Welt geschehen immer wieder Dinge, die für uns unerfreulich sind. Können wir diese unvermeidlichen Störungen nicht transzendieren, kann sich das Ganze in Wut entflammen.

Viele Menschen wollen transzendental oder spirituell sein. Doch was bedeuten diese oft verwendeten Begriffe? „Transzendental" heißt „über etwas zu stehen". Wenn ich mich also von der Dualität dieser Welt – Tag und Nacht, Frau und Mann, Glück und Leid – nicht aus dem Häuschen bringen lasse, habe ich vielleicht so etwas wie Transzendenz erreicht. Doch sollte man dies nicht mit Gleichgültigkeit verwechseln – sie ist keine erstrebenswerte Eigenschaft. Wer gleichgültig ist, hat kein Mitgefühl

Menschen, die spirituell unterwegs sind, möchten sich bewusst von der göttlichen Kraft und Gnade führen lassen. Falls wir wissen möchten, ob wir im spirituellen Bewusstsein fortgeschritten sind, müssen wir nur abchecken, wie weit wir über dem Auf und Ab dieser Welt stehen und wie stark wir uns von Gott abhängig machen.

Wer von Egoismus, Besitzansprüchen und Gier nach materiellem Genuss frei ist, kann die göttliche Gegenwart wahrnehmen, denn Gott ist überall. Sind wir stark ichbezogen, wird unsere Sicht auf das Göttliche getrübt sein. Ist unser Bewusstsein jedoch rein, sind wir immer mit der höchsten Wahrheit verbunden.

Im Leben geht es auch um persönliche Verwirklichung. Bereits junge Menschen haben oft schon viel erkannt und verstanden. Was wir persönlich verwirklicht haben, kann uns niemand mehr nehmen. Erfahrungen sind unglaublich wertvoll. Wer in der Lage ist, die spirituelle Wirklichkeit Gottes wahrzunehmen, erfährt Freude, Zuversicht und inneren Frieden.

„Interessant, dass die Bhagavad-Gita auf einem Schlachtfeld gesprochen wurde, obwohl es um Frieden geht."

– Ramabiriya, 14
 Zürich-Altstetten (CH)

Was wir persönlich verwirklicht haben, kann uns niemand mehr nehmen.

Krishna sprach:
„Freuden, die durch die Sinne erfahren werden, verursachen Leid, denn sie haben einen Anfang und ein Ende. Der Weise findet darin kein Vergnügen."
(BG 5.22)

„Die Bhagavad-Gita lehrt, wie wir in dieser Welt ein besseres Leben führen können."

– Janavi, 13, Niederglatt bei ZH (CH)

Sind wir jung, haben wir das Gefühl, für immer zu leben.

Gesundes Selbstvertrauen

Warum sagt Krishna, auf sinnliche Freuden folge Leid? Wie ein roter Faden zieht sich eine Aussage durch die Bhagavad-Gita: Alles soll maßvoll getan werden. Das bezieht sich auch auf die Sexualität. Zu einem gesunden Leben gehören die Freuden der Sinne dazu. Trotzdem wird empfohlen, sinnlichem Drängen nicht nachzugeben – speziell jenen, die uns schaden.

Es mag cool wirken, als Jugendlicher das zu tun, was Erwachsene machen: Zigaretten rauchen, Alkohol trinken. Auch Drogen probieren mag verführerisch wirken – denn schließlich sind sie verboten.

Ob jemand diese Sachen bereits konsumiert hat oder nicht, tut bitte Folgendes: Geht zu einem Ort, wo Alkoholkranke leben; fragt im Spital, ob ihr Raucher mit Lungenkrebs sehen dürft; besucht eine Entzugsklinik für Drogensüchtige.

Alkohol mag kurzfristig helfen, mangelndes Selbstvertrauen zu überwinden. Langfristig jedoch bewirkt er das Gegenteil: Unsere Schwächen nehmen weiter zu.

Ein Grund, warum junge Menschen manchmal zu Drogen, Zigaretten und Alkohol greifen, ist der Druck der Clique. Haben wir kein Selbstwertgefühl, sodass wir Dinge tun, um akzeptiert zu werden? Wenn sie nicht mehr unsere Freunde sein wollen, weil wir ihrem Lebensstil nicht folgen, haben wir etwas Wichtiges gelernt: wer echte und wer falsche Freunde sind.

Sind wir jung, meinen wir, für immer zu leben. Doch an jedem Tag, an dem wir unserem Körper giftige Substanzen zuführen, sinkt das Schiff des Körpers etwas tiefer.

Wer gesund, natürlich und spirituell lebt, kann höhere Freuden genießen und benötigt kein Gift, um fehlendes Glück zu kompensieren.

Krishna sprach:
„Wer seine Sinne kontrolliert und durch Wissen und Erkenntnis Zufriedenheit erlangt hat, ist im Yoga verankert und sieht keinen Unterschied zwischen Lehm, Kieselsteinen und Gold." (BG 6.8)

Chillen? Wie entspannen?

Die Grundlage von Yoga ist Kontrolle der Sinne und des Geistes. Ein Yogi ist ausgeglichen und findet Zufriedenheit im Selbst.

Die Namen Gottes sind die direkte Telefonnummer zu ihm – und seine Leitung soll nie besetzt sein.

Freund oder Feind

Durch Zwang lässt sich der Geist nicht bändigen. Er ist zäh, faul und findet durch seine schlaue Natur praktisch immer einen Weg, zu seinem Ziel zu kommen. Der Geist wertet die Sinneseindrücke blitzschnell aus, indem er im mentalen Archiv abcheckt, ob sie Spaß machen oder nicht. Es ginge auch nicht, ihn wegzudenken, da er ein unkündbarer Mitbewohner unseres Körpers ist.

Wer Yoga und Meditation praktizieren und inneren Frieden erlangen möchte, kommt nicht drum herum, den Geist zu besänftigen. Doch das ist eine Herkulesaufgabe. Erinnern wir uns: Arjuna meinte, es sei einfacher den Wind zu bändigen, als den Geist zu kontrollieren. Und was sagte Krishna dazu? „Durch Training und Loslösung kann er beherrscht werden." (BG 6.35)

Wollen wir Frieden im Haus des Körpers haben, ist es das Beste, den Geist positiv zu beschäftigen. Eine bewährte Methode ist das Rezitieren von Mantras und das Singen der Namen Gottes. Das bekannteste ist wohl das Hare-Krishna-Mantra, da es weltweit von Krishna-Geweihten öffentlich gesungen wird. Zusätzlich gewann das Krishna-Mantra dank Hit-Songs von Musikstars wie George Harrison und Boy George internationale Popularität.

Die religiösen Texte Indiens betonen, dass der Name Gottes und er selbst identisch sind. So etwas kennen wir in dieser Welt nicht. Mein Durst kann nicht gelöscht werden, indem ich „Wasser, Wasser" rufe. Die Gottesnamen sind die direkte Telefonnummer zu ihm.

An einem ruhigen Ort ist es oft einfacher, den Geist zu entspannen. Indem wir unsere Aufmerksamkeit nach innen, zu unserem Herzen und unserer Seele richten, wird auch der Geist beruhigt. Hat sich der Geist von den Äußerlichkeiten distanziert, können wir uns leichter der göttlichen Wahrheit nähern.

3. Kapitel, Vers 5

Krishna sprach:
„Wer inneren Frieden gefunden hat,
in Yoga verankert ist, sieht Gott in allen
Lebewesen und jedes Wesen in Gott."
(BG 6.29)

Meister des Friedens

Die Unterschiede unserer Körper sind Wirklichkeit, doch nur eine äußere und zeitweilige. Es gibt helle und dunkle Typen, weibliche und männliche, junge und alte, große und kleine. Das ist jedoch nur eine Perspektive. Auch oberflächlich betrachtet, gibt es eine Einheit: Wir alle sind Menschen. Wer dazu noch eine weise Sicht hat, erkennt in diesen Menschen Seelen, die Leid vermeiden und Glück erfahren möchten – genau wie wir selbst. Auch bei Tieren und Pflanzen ist es so.

Nur dank des spirituellen Funkens können Lebewesen gezeugt werden, gedeihen und Nachkommen zeugen. Und alle Seelen stammen von Gott ab, sind ein ewiger Teil von ihm. Mit diesem Verständnis sind wir Geschwister, denn wir haben die gleichen Eltern: die Natur als Mutter und Gott als Vater.

Im Sanskrit – in der Sprache, in der auch die Gita geschrieben wurde – gibt es einen interessanten Ausdruck: *Shastra-cakshu* – „mit den Augen der Schriften sehen". Das ist eine ganz neue Perspektive! Die Welt sieht viel schöner aus, wenn wir sie „durch die Brille der heiligen Schriften" betrachten.

Probieren wir es mal! Heute werde ich bei allen Körpern, die ich sehe, daran denken, dass darin eine wunderbare Seele wohnt. Genau wie alle anderen Seelen möchte sie glücklich sein.

Wie herrlich und inspirierend, auf diese Weise sehen zu können! Auch der blöde Typ, der mich nervt, ist eigentlich eine liebenswürdige Seele. Und die zickige Schulkollegin ist gar nicht so schlimm. Sie sucht ja auch Zufriedenheit im Leben.

Diese wertvolle, göttliche Sicht können wir nicht von einem Tag auf den anderen umsetzen. Doch mit Übung schaffen wir's! Wir werden Meister des Friedens und der Zufriedenheit.

Die Körper der Lebewesen sind unterschiedlich. Im Innern jedoch befindet sich bei allen eine ewige, individuelle Seele. Ein Yogi erkennt diese Einheit.

> **Die Welt sieht schöner aus, wenn wir sie „durch die Brille der offenbarten Schriften" betrachten.**

Krishna sprach:
„Wer mich in allem sieht und alles in mir sieht, ist niemals von mir getrennt. Und ich werde auch nie von dieser Seele getrennt sein." (BG 6.30)

Chillen? Wie entspannen?

„Die Bhagavad-Gita ist mein Wegweiser, mein Lieblingsbuch. Es beinhaltet die Philosophie, nach der ich gerne leben möchte."

– David, 19, Berlin (D)

Gott ist sowohl allmächtig als auch all-liebend, doch er stellt seine Liebe über die Macht.

Die Friedensformel

Hier spricht Krishna direkt von sich, seiner göttlichen Macht und seiner Liebe zu allen Wesen. Macht und Liebe müssen sich nicht ausschließen. Gott ist sowohl allmächtig als auch allliebend, doch stellt er die Liebe über die Macht.

Gott hat die Power, einen Krieg zu verhindern. Warum tut er es nicht? Weil Liebe auf Freiheit aufgebaut ist. Die Freiheit kann missbraucht werden – das ist das Risiko. Ohne Freiheit keine Liebe. Wer sich für die Liebe öffnet, kann verletzt werden. Möchte jemand nicht verletzt werden, darf sich das Herz nicht für die Liebe öffnen.

Weil die Beziehung zu Krishna auf Liebe aufgebaut ist, wird Krishna seine Macht nie einsetzen, um die Seelen zu etwas zu zwingen. Es sind die Menschen, die jene Freiheit, die sie von Gott erhalten haben, missbrauchen. Zum Beispiel, um einen Krieg anzuzetteln. Gott mischt sich nicht ein, da er den Seelen Unabhängigkeit geschenkt hat. Wird sie missbraucht, müssen die Lebewesen die Konsequenzen tragen. Das ist das Gesetz des Karma.

Wer alle Lebewesen als Teil Gottes sieht, wird ihnen gegenüber nie Gewalt anwenden, weder bei Menschen noch bei Tieren. Behauptet jemand, Gott zu lieben, nicht aber seine gesamte Schöpfung, hat dieser nicht begriffen, was die Liebe zu Gott beinhaltet.

Mit diesem Vers können wir unsere Meditation noch weiter führen. Wir sehen nicht nur die Einheit aller Lebewesen – als spirituelle Seelen – sondern auch ihre ewige Verbindung zu Krishna.

Nebst der individuellen Seele befindet sich noch eine weitere Seele im Körper: *Paramatma* – Gott im Herzen. Solange wir in dieser Welt sind, ist *Paramatma* bei uns. Wer spirituell fortgeschritten ist, kann diese höhere, göttliche Seele nicht nur bei sich selbst wahrnehmen, sondern bei allen Lebewesen.

4. Kapitel

Was sollte ich verstehen?

Um uns ein Bild von Krishna zu machen, können wir seine Schöpfung betrachten. Er erklärt, dass er das Licht der Sonne und des Mondes ist. Er ist der Duft der Erde, der Geschmack des Wassers, die Lebenskraft in allem Lebendigen.

Ebenfalls ist Krishna die Fähigkeit im Menschen. Treffen wir Leute, die etwas besonders gut können, ist dieses Talent Krishna.

Bemerkenswert ist, dass Krishna sowohl das Leben als auch der Tod ist. Er ist alles. Nicht nur das Gute, sondern auch das Böse kommt von ihm. Das eine wird uns näher zu ihm bringen, das andere führt uns von ihm weg.

Eigentlich ist nichts von Krishna getrennt. Somit können wir Krishna in allem sehen. Haben wir das erkannt, ist unser Wissen vollkommen.

4. Kapitel, Vers 1

Krishna sprach:
„Meine materielle Energie ist achtfach unterteilt: Erde, Wasser, Feuer, Luft, Raum, Geist, Intelligenz und Ego. Dies ist meine äußere Energie. Darüber steht meine innere Energie. Sie besteht aus den Lebewesen, die diese Welt erhalten."
(BG 7.4 – 5)

Wir und die Schöpfung

Im Folgenden wird Krishna über seine mannigfachen Energien sprechen. Wir können natürlich selber über Gott und die Welt spekulieren, doch wenn wir Wissen direkt von ihm erhalten, sind es Informationen aus erster Quelle.

Alles, was existiert, wird durch die Energie Gottes geschaffen. Diese Welt ist eine Verbindung dreier Hauptenergien. Die äußere materielle ist die „grobstoffliche". Wir können sie sehen und zum Teil anfassen. Das sind die Elemente Erde, Wasser, Feuer, Luft und Raum. Die letzteren können wir zwar nicht direkt sehen, doch durch Atmung und Bewegung können wir Luft und Raum fühlen.

„In der Bhagavad-Gita vernehmen wir Weisheiten, die heute ebenso nützlich sind wie früher."

– Sarangan, 13, Au SG (CH)

Dann gibt es die „feinstoffliche", subtile Energie. Sie ist ebenfalls wahrnehmbar, jedoch nicht durch unsere fünf Sinne (Augen, Ohren, Nase, Haut und Zunge). Feinstofflich sind unser Geist (die mentale Ebene), unsere Intelligenz (sie lässt sich sogar messen – IQ usw.), wie auch unser Ego (das Gefühl des Ichseins).

In der Evolutionstheorie geht man bekanntlich nicht davon aus, dass Gott die Welt erschaffen hat. Krishnas Beschreibung in der Gita ist bewusst einfach gehalten. In anderen Sanskrit-Schriften gibt es ausführliche Beschreibungen über die Komplexität der Erschaffung des Universums und der Elemente.

Krishnas Beschreibung entspricht wohl nicht genau dem, was wir im Biologie- und Physikunterricht lernen.

Und nun die dritte, die spirituelle Energie: Sie ist unser wahres, unsterbliches Selbst. Im 1. Kapitel („Wer bin ich?") haben wir eine umfassende Information zum Wesen der Seele erhalten.

Noch ein interessanter Punkt ist, dass wir wie Gott spirituell und ewig, wissend und glückselig sind. Der Unterschied: Er ist unbegrenzt und unabhängig. Wir sind wie die Funken im Feuer – leuchtend und wärmend, jedoch winzig. Das heißt, alle Seelen sind klein und von ihrer Natur her trotzdem großartig.

Krishna sprach:
„Es gibt keine Wahrheit über mir. Alles ruht auf mir wie Perlen, die durch einen Faden zusammengehalten werden."
(BG 7.7)

So wie die Schnur eine Perlenkette fürs Auge unsichtbar zusammenhält, so hält Krishna die Schöpfung zusammen.

> Das ist natürlich kein Beweis. Es ist Glaube – das, was wir im Innersten unseres Herzens fühlen.

Direkt auf den Punkt

Wer naiv ist und eine Perlenkette sieht, meint, sie bestehe nur aus Perlenkugeln, die irgendwie zusammenhalten. Was bei einer Schmuckkette offensichtlich ist, gilt auch für das Universum. Doch wer dahinter steht, ist nur für gläubige Menschen verständlich.

Einmal wurde eine Malerin, die Blumen malt, für ihre Rosengemälde gelobt. Bescheiden meinte sie: „Was gebt ihr mir den Applaus? Es sind ja nur zweidimensionale Abbilder der echten Rosen, die ich auf eine Leinwand pinsle. Meine Rosen stinken nach Ölfarbe, die echten duften wunderbar! Jeder Grashalm wurde vom Schöpfer anders gestaltet. Was für ein Kunstwerk! Er hat männliche und weibliche Lebewesen geschaffen. So können sie sich ohne sein Zutun fortpflanzen. Was für eine Intelligenz!"

Einige finden es anmaßend, wenn Krishna sagt: „Es gibt keine Wahrheit über mir". Falls Krishna tatsächlich die höchste Wahrheit ist, hilft es allen, wenn er es uns offenbart. Tausende Stellen in Indiens heiligen Schriften lobpreisen Krishna als höchsten Gott. Hunderte von verwirklichten Mystikern verehrten Krishna als absolute Wahrheit. Millionen von Menschen erkennen seit Generationen an, dass Krishna der Höchste ist.

Das ist natürlich kein Beweis. Es ist Glaube. Im Sanskrit wird das Wort *Shraddha* gebraucht – „was wir tief im Herzen haben". Unsere innersten Gefühle müssen wir niemandem beweisen. Wer in seinem Herzen Gott verwirklicht hat, braucht sich darüber nicht mit Ungläubigen zu streiten.

Arjuna fragte nach der höchsten Wahrheit. Krishna erklärte sie ihm. Am Schluss sagt er: „Ich habe dir nun die tiefsten Geheimnisse offenbart. Denk darüber nach, und tue dann, wie dir beliebt" (BG 18.63). So ist Krishna: Er spricht, was wahr ist, bleibt aber losgelöst und voller Liebe.

4. Kapitel, Vers 3

Krishna sprach:
„Ich bin der ursprüngliche Duft der Erde, das Leuchten des Feuers und die Lebenskraft in allem Lebendigen. Ebenso bin ich die Stärke der Starken – frei von Verlangen und Anhaftung. Der Wunsch, der mit dem Bedürfnis der Seele im Einklang steht, bin ebenfalls ich." (BG 7.9, 7.11)

Wollen wir sehen?

Wer der Existenz Gottes auf die Spur kommen möchte, braucht sich nur umzuschauen. In der Natur gibt es so viele Wunder zu bestaunen.

Wer ein Auge dafür hat, muss zugeben, dass es keinen besseren Künstler als Gott gibt. Betrachten wir also mal die erstaunlichen Formen, Farben und Fähigkeiten der verschiedenen Lebewesen und Lebensformen! Das beginnt bei Pflanzen wie Blumen, Insekten wie Schmetterlinge, bis hin zu den Menschen. Doch auch leblose Naturprodukte wie Kristalle, Juwelen und Metalle können faszinieren.

„You can't awaken a man who is pretending to sleep" heißt es im Englischen. Wer nicht sehen will, was sich vor seinen Augen abspielt, dem kann nicht geholfen werden. Will jemand Gründe dafür finden, dass es Gott nicht gibt, können sie gefunden werden. Auch das Gegenteil funktioniert.

Krishna gibt uns allen den freien Willen. Warum einige die natürliche Neigung haben, Gottes Gegenwart und Gnade in allem zu erkennen, und andere nicht, dafür gibt es zahlreiche Erklärungsversuche.

Laut den vedischen Texten Indiens ist das Abwenden von Gott ein Recht der Seele – und eine zeitweilige Situation. Früher oder später – in diesem oder einem nächsten Leben – wird die Seele erkennen, dass sie ein Teil Gottes ist und zu ihm gehört. Ab dann begibt sie sich auf ihre Reise zurück zu Krishna. Ob sie das in einem Leben schafft, oder mehrere benötigt, liegt an ihrer Entschlossenheit. „You can get it if you really want", heißt es in einem Song. So ist es auch mit unserem Wunsch, zu Krishna zurück zu kehren. Wir entscheiden selber – und tragen die Konsequenzen.

Krishna ist alles. Wer das verstanden hat, sieht Krishna überall. Er ist der Same, das Leben, die Fortpflanzung und der Tod. Auch der Duft und die Anmut einer Blume ist Krishna.

> **Wer ein Auge dafür hat, muss zugeben, dass es keinen besseren Künstler als Gott gibt.**

Krishna sprach:
„Nach vielen Leben ergibt sich der Weise mir und sagt: ‚Krishna ist alles'. Solch eine spezielle Seele ist sehr selten." (BG 7.19)

Seltenheitswert

Die Welt, in der wir leben, steht unter dem Bann *Mayas* – Krishnas täuschender Energie. Wer ein Leben ohne Gott wählt, unterliegt *Mayas* Energie. Sie zeigt sich durch das vergebliche Suchen nach beständigem Glück auf der materiellen Ebene. Ähnlich wie ein Hamster im Rad nicht vorwärts kommt, ist wahres Glück in dieser Welt nicht zu finden.

Die meisten Menschen machen diese Erkenntnis erst nach zahlreichen, vergeblichen Versuchen. Leben für Leben bemüht sich die Seele, Glück zu finden. Wer nach all den vielen Versuchen innehält und Erfüllung auf einer anderen Ebene sucht, wird sich auf einen spirituellen Pfad begeben.

Erfahrungen sind da, um Erkenntnisse daraus zu ziehen. Diese Erkenntnisse sollten in Wissen gipfeln. Wer Wissen hat, versteht zu unterscheiden, was für ihn gut ist und was nicht und handelt danach. Wer weiter forscht, wird zur Schlussfolgerung kommen, dass Gott alles ist und es nie eine Trennung von ihm geben kann. Solch eine weise Person gibt sich Krishna schließlich hin.

Wir dürfen wünschen, was wir wollen. Wer sich entschieden hat, Gott zu vergessen, ist trotzdem nie von ihm getrennt. Krishna befindet sich im Herzen aller Lebewesen und antwortet auf die Wünsche jeder Seele. Er hilft sie sogar zu erfüllen – selbst wenn sie nicht zu unserem Vorteil sind. Krishna respektiert die Freiheit der Seele. Letztlich führen alle Wege zu ihm.

Schauen wir uns die gesamte Erdbevölkerung an, so sind es wenige, die ernsthaft auf dem Weg der Gotteserkenntnis wandeln. Die meisten versuchen ihr Glück ohne Gott. Das dürfen sie. Deshalb sind Seelen, die ihr Leben Gott geweiht haben, etwas ganz Spezielles. Tragen wir Sorge für diese zärtlichen und seltenen Blüten der Gottesliebe!

Hingabe zu Gott ist die Essenz in allen Religionen. Äußere Verehrungsformen sind je nach Tradition und Ort unterschiedlich. Im Kern geht es jedoch immer um Liebe zu Gott.

> **Wer Wissen hat, versteht zu unterscheiden, was für ihn gut ist und was nicht und handelt entsprechend.**

Krishna sprach:
„Getragen von unterschiedlichen Wünschen, geben sich die Menschen – ihrem Wesen entsprechend – einer Vielfalt von religiösen Pfaden und Göttern hin. Gemäß ihrem Glauben beten sie, um ihre Wünsche erfüllt zu bekommen. Letztlich bin ich es, der jeglichen Wunsch erfüllt."
(BG 7.20, 7.22)

Dschungel der Religionen

Für die meisten Menschen ist die Religion da, um ihre Wünsche erfüllt zu bekommen: Erfolg in der Schule und im Beruf, den richtigen Partner, langes Leben usw. Im Sanskrit wird dies *Punya*, „materiell ausgerichtete Religiosität", genannt. Gläubige Menschen wenden sich an Gott, wenn sie etwas benötigen. Wer nicht an etwas Höheres glaubt, versucht ohne Gottes Hilfe ans Ziel zu kommen.

Für einige gibt es einfach Gott, an den sie sich mit all ihren Wünschen und Sorgen wenden. Andere erbitten Segnungen von einer Vielzahl höherer Lebewesen. Es gibt Seelen von Verstorbenen, Engel, Geister, Halbgötter. Sie alle befinden sich in anderen Dimensionen und haben mehr Macht als wir Menschen. Einige beschützen die Lebewesen oder sind Boten zwischen Gott und Mensch; andere sind zuständig für die Verwaltung des Universums, für die verschiedenen Planeten, Elemente und Energien. Des Weiteren gibt es jene Wesen, die wir uns einbilden – Fantasiegestalten.

Verehren wir real existierende, höhere Wesen auf die richtige Weise, werden wir von ihnen belohnt. Es kann sogar sein, dass wir im nächsten Leben für einige Zeit mit ihnen in himmlischen Sphären leben können.

Falls uns die unüberschaubare Menge höherer Wesen verwirrt, können wir uns einfach an Krishna wenden. Warum relative Zwischenebenen anpeilen, wenn wir uns direkt mit der Quelle aller Lebewesen verbinden können? Es ist im Endeffekt Krishna, der den Gottheiten die Macht gibt, unsere Wünsche zu erfüllen.

Am Punkt der Ewigkeit treffen sich alle religiösen Pfade. Echte Religion ist die, welche von Gott kommt und zu ihm führt. Punkt.

Auch wenn es nur einen Gott gibt, wird es immer verschiedene Wege zu ihm geben. Die unterschiedlichen Religionen sind Ausdruck der Vielfalt der Menschen und ihrer Bedürfnisse.

Neben Gott gibt es eine Vielzahl anderer höherer Lebewesen: Seelen von Verstorbenen, Engel, Geister, Halbgötter.

Krishna sprach:
„Durch meine spirituelle Kraft verborgen, bin ich nur für wenige sichtbar. Die verwirrte Welt weiß nichts über mich – den Ungeborenen und Unvergänglichen.
Mich kennt niemand, obwohl mir Vergangenheit, Gegenwart und Zukunft bekannt sind." (BG 7.25 – 26.)

Was sollte ich verstehen?

Der Unsichtbare wird sichtbar

„Wenn es Gott gibt, will ich ihn sehen!" Solche Forderungen hört man von Leuten, die meinen, sie seien total clever. Doch sind sie qualifiziert? Gott ist keine Marionette, die erscheinen muss, wenn jemand diese Forderung stellt. Selbst in dieser Welt können wir mächtige, berühmte oder reiche Leute nicht einfach bestellen und meinen, sie würden kommen.

Krishnas Gestalt ist nicht materiell, sondern spirituell. Mit unseren normalen Augen können wir ihn daher nicht sehen; die einzige Möglichkeit besteht, wenn er sich aus seiner Güte heraus zeigen möchte. Doch das tut er nicht einfach so aus einer Laune heraus.

Manchmal kommt es vor, dass sich Krishna seinen Geweihten offenbart. Wenn das Bewusstsein rein, das Herz voller Liebe, die Seele den intensiven Wunsch hat, Krishna zu sehen, besteht die Chance, dass er sich manifestiert. Zwingen können wir ihn nicht, doch unsere Liebe kann ihn dazu bringen.

Krishna muss nicht persönlich erscheinen, um uns seine Verbundenheit zu zeigen. Er unterstützt uns als der ewige Freund im Innern, er ist die unsichtbare Gnade, die Stimme des Herzens, der unbekannte Wegweiser. Krishna offenbart sich durch heilige Schriften und spirituelle Menschen. Aber auch durch Träume, gewöhnliche Leute, spezielle Ereignisse. Seine Möglichkeiten sind unbeschränkt.

Seit wir in dieser Welt sind, begleitet er uns – geduldig wartend, bis wir uns ihm wieder zuwenden. Tun wir es nicht jetzt, wird er weiterhin da sein. Doch wie lange wollen wir ihn noch warten lassen?

„Mit meinen Eltern lese ich öfters in der Bhagavad-Gita. Da vernehme ich immer wieder viel Spannendes."

– Fidel, 11, Oberlunkhofen AG (CH)

Zwingen können wir Krishna nicht, doch unsere Liebe kann ihn dazu bringen, sich uns zu offenbaren.

Krishna sprach:
„Ich bin der Erhalter dieser Welt und all seiner Gottheiten. Ebenfalls belohne ich alle Opfer, die ausgeführt werden. Wer sein Bewusstsein auf mich richtet, wird mich als den Höchsten erkennen, selbst im Augenblick des Todes." (BG 7.30)

„Die Bhagavad-Gita lehrt mich, ein gutes Leben zu führen, indem ich meinen Mitmenschen helfe."

– Nirupama, 13, Flüelen UR (CH)

Die Verbindung von materieller und spiritueller Natur ist keine glückliche Heirat.

Furcht und Liebe

Der Tod ist und bleibt ein Mysterium – und ein Tabu. Wir wünschen zu leben, und trotzdem werden wir sterben müssen. Dieser Widerspruch kommt aus den beiden gegensätzlichen Naturen: der zeitweilige Körper und die unsterbliche Seele. Die Verbindung von materieller und spiritueller Natur ist keine glückliche Ehe. Im Innersten fühlen wir die Unsterblichkeit, doch im Äußeren erleben wir das Sterben der Lebewesen.

Die Gefühle, die wir in dieser Welt wohl am meisten erfahren, sind Liebe und Furcht. Wir sehnen uns nach Liebe und haben Angst, zurückgewiesen zu werden. Wir wünschen uns Erfolg und fürchten uns vor dem Versagen.

Sind wir in diesem Netz der Emotionen gefangen, bleibt Gottes Existenz ein großes Rätsel. Obwohl er uns bis ins Innerste kennt, ist er für uns unsichtbar. Erreichen wir aber die Stufe, wo unser Leben ohne ihn leer erscheint, sind wir Gott näher gekommen. Nun können wir beginnen, all unsere Tätigkeiten ihm zu weihen. Dadurch verschwindet unsere Angst immer mehr.

Indem wir auch im Alltag eine direkte Verbindung zu ihm aufbauen, können wir erkennen, dass Gott immer bei uns ist – im Erfolg und im Misserfolg, wenn wir geliebt oder abgewiesen werden.

Für die meisten ist der Tod der Augenblick der größten Angst. Zu dieser Zeit werden wir alles, was wir kennen und besitzen, verlieren. Dann wird es unsere größte Segnung sein, uns an Krishna erinnern zu können und bei ihm Zuflucht zu finden. Beginnen wir damit schon heute. Es ist das Beste, was wir für uns tun können.

Krishna sprach:
„Für ein normales Auge nicht sichtbar, gibt es jenseits der Materie eine andere, ewige Natur. Wenn in dieser Welt hier alles vernichtet wird, bleibt dieser höchste Ort unverändert." (BG 8.20)

Was sollte ich verstehen?

Illusion und Wirklichkeit

Wenn sich ein Baum im Wasser spiegelt, ist sein Abbild nur ein Schatten des echten Baumes. Genauso ist die materielle Welt: Sie ist ein Abbild der spirituellen Realität. Eine Spiegelung ist wie ein Schatten und hat eigentlich keine Substanz. Wer könnte sich schon in den Schatten einer Person verlieben? Doch anhand des Schattens lässt sich erkennen, dass es dahinter echte Substanz geben muss.

Die heiligen Schriften geben uns Informationen über jenes Reich, das jenseits des Schattens dieser Welt liegt: Es ist das Reich Gottes – ein Ort, wo die Liebe alles durchdringt und es keine Sorgen und keinen Tod gibt.

Würde diese höchste Realität nicht existieren, hätten die Menschen nicht seit ihren Anfängen das Bedürfnis verspürt, sich eine ewige Welt vorzustellen. Wenn nach dem Tod wirklich alles vorbei wäre, warum ersehnen wir uns ein Leben, ohne sterben zu müssen? Spirituell ausgedrückt: Das Leben ist Realität und der Tod Illusion.

Es gibt Sachen, die können wir durch Beobachten, eigenen Erfahrungen oder Vergleiche erkennen. Was das Leben nach dem Tod ist oder wie das Reich Gottes aussieht, ist nicht erforschbar. Da sind wir auf Informationen angewiesen, die uns aus einer höheren Dimension erreichen. Schriften wie die Veden gelten als Offenbarungen Gottes. Hätten normale Menschen sie verfasst, wären sie Spekulation und ohne Wert.

Blind sollen wir den heiligen Texten aber nicht glauben. Wir besitzen Intelligenz und einen gesunden Menschenverstand. Doch was jenseits unserer Wahrnehmung liegt, kann unsere Intelligenz von sich aus nicht erkennen. Da hilft uns die Bhagavad-Gita. Sie ist so verfasst, dass wir sie verstehen können, vorausgesetzt, wir sind offen und glauben an eine höhere Wahrheit.

Wer könnte sich schon in den Schatten einer Person verlieben?

Das Leben ist Realität und der Tod eine Illusion.

Krishna sprach:
„Ich durchdringe dieses Universum mit meiner nicht sichtbaren Gestalt. Alle Lebewesen sind in mir, aber ich bin nicht in ihnen. Und dennoch ruhen alle Wesen auch nicht in mir. Siehe meine mystische Kraft: Ich trage alles, stehe jedoch über allem. Trotzdem bin ich der Ursprung von allem." (BG 9.4 – 5)

Was sollte ich verstehen?

„The Bhagavad-Gita is a book of India's spiritual culture. It describes God's manyfold energies."

– Ashwini, 16, Montreal (CAN)

Was zuerst als ein Unglück erscheint, mag am Ende durchaus positiv sein.

Geheimnis und Mysterium

Mit weltlicher Logik und Kopfwissen kommt man bei Krishna nicht weit. Er ist kein Entweder-oder, sondern ein Sowohl-als-auch. Widersprüche lösen sich in Krishna auf. Wir können ihn nur mit Vertrauen und durch seine Gnade verstehen.

Vertrauen zu haben ist nicht immer einfach. Wer ist nicht schon enttäuscht worden? Doch durften wir alle auch Erfahrungen machen, die das Vertrauen stärkten.

Situationen können wir oft nicht ändern, jedoch unsere Einstellung dazu. Sehen wir Wolken, können wir an Regen denken – oder, dass dahinter die Sonne scheint. Trotz der Gefahr, enttäuscht zu werden, sollten wir versuchen, für das Gute im Leben offen zu sein. Manchmal müssen wir uns bewusst dafür entscheiden – vielleicht sogar etwas zwingen – eine positive Lebenseinstellung anzunehmen. Lasst uns zum Leben Ja sagen!

Es gibt Ereignisse und Schicksalsschläge, die für uns total unverständlich sind. Doch aus der Distanz betrachtet, kann es möglich sein, einen Sinn dahinter zu erkennen. Was zuerst als Unglück erscheint, mag auch Positives haben. Meistens dauert es jedoch lange, bis wir die gesamten Konsequenzen eines Ereignisses verstehen können.

Wie schmerzhaft eine Situation auch sein mag, wir müssen sie nicht nur als schlechtes Karma oder als Pech ansehen. Wir haben die Möglichkeit, sie als eine wichtige Lebenserfahrung anzunehmen. Darüber hinaus können wir versuchen, uns innerlich von ihr zu lösen. Es ist immer gut, wenn wir unser Vertrauen auf Gott richten. Öffnen wir uns der Gnade Gottes, eröffnet sich uns auch das Geheimnis des Lebens. Scheinbare Widersprüche der göttlichen Schöpfung erscheinen uns dann in einem ganz anderen Licht: Es ist richtig, wie es von Gott geschaffen und arrangiert wurde.

Krishna sprach:
„Ich bin der Vater des Universums, die Mutter und der Erhalter. Ich bin das Wissen, die Reinigung und die Silbe Om. Ebenso bin ich das Ziel, der Meister, der Zeuge, der Aufenthaltsort, die Zuflucht und der allerliebste Freund. Auch bin ich der Ursprung, die Grundlage, die Auflösung und die Ruhestätte. Ich bin sowohl das ewige Leben als auch der Tod. Sein und Nichtsein sind gleicherweise in mir."
(BG 9.17 – 19)

Krishnas weibliches Pendant, Radha, verkörpert seine Gnade und Liebe.

Krishna ist alles und hat alles – außer unsere Liebe.

Einheit und Vielfalt

Es wäre nicht schwierig, Krishna zu sehen, denn überall bieten sich Möglichkeiten, ihn, seine Energie, Kraft und Liebe zu erfahren. Alles kommt von Krishna. Alles ist Krishna. Alles geht wieder zu Krishna. Er ist der Anfang, die Mitte und das Ende. Krishna ist unser Vater, unsere Mutter und unser innigster Freund. Wenn wir dieses Wissen haben, ist dieses Verständnis auch Krishna.

Die Natur ist ebenfalls Krishna, denn sie ist seine Schöpfung. Sonne, Mond, Berge, Gewässer, Pflanzen, Tiere und Menschen – sie alle sind Aspekte Krishnas. Die Lebendigkeit des Seins stammt von Krishna, wie auch der Tod, der alles Materielle an einem bestimmten Punkt auflöst.

Ein Vater, der sich um den Erhalt seiner Familie kümmert, repräsentiert Krishna. Eine Mutter, die ihr Kind liebevoll pflegt, ist ein Aspekt Krishnas. Der weibliche Teil Krishnas manifestiert sich in seiner ewigen Gefährtin Radha. Sie ist die Verkörperung seiner Gnade und seiner reinen Liebe.

Lieben sich ein Mann und eine Frau in dieser Welt, ist ihre Liebe eine Erweiterung der ursprünglichen, reinen und ewigen Liebe von Radha und Krishna.

Die tiefere Botschaft der Bhagavad-Gita lautet: Krishna ist alles und hat alles – außer unsere Liebe. Deshalb lädt er uns ein, ihn wieder zu lieben und zu ihm zurückzukehren. In seinem Reich gibt es nur ein Gesetz: Liebe. Die Seele dort ist voller Freude. Sie drückt es in allem aus, was sie tut. Jedes Wort ist ein Gesang, jeder Schritt ein Tanz.

Welche Voraussetzungen muss ich erfüllen, um zu Krishna zu kommen? Nur eine – den ehrlichen Wunsch, mit Krishna wieder liebevoll vereint zu sein. Krishna wartet schon lange auf uns. Wollen wir uns ihm nicht endlich wieder zuwenden?

5. Kapitel

Was ist Liebe?

Ob in Liedern, Literatur oder Filmen – das Hauptthema ist fast immer die Liebe. Sie wird in allen Variationen zum Ausdruck gebracht. Tatsächlich ist die Liebe die wichtigste Nahrung für das Herz und die Seele – für Kinder, Jugendliche und Erwachsene.

Wir alle sehnen uns nach Liebe, Verständnis, Vertrauen, Geborgenheit und Nähe. Das Schönste, was wir erleben können, das höchste aller Gefühle, ist die Liebe oder das Verliebtsein. Doch die Liebe kann auch den größten Schmerz verursachen. Wer sich für die Liebe öffnet, macht sich verwundbar.

Krishna lehrt, dass echte Liebe selbstlos ist – ohne Erwartungen. Und Liebe ist immer mit Dienst und Hingabe verbunden. Sie ist der intime, mittlere Teil der Bhagavad-Gita – eingebettet zwischen den Kapiteln Handeln, Wissen und Loslösung.

Krishna sprach:
„Wer sich von der inneren göttlichen Führung leiten lässt, wird nicht mehr von guten und schlechten Reaktionen berührt. Deshalb bemühe dich, Yoga zu praktizieren – die Kunst allen Handelns."
(BG 2.50)

Die individuelle und die göttliche Wahrheit befinden sich beide im Herzen, so wie zwei Vögel in einem Baum sitzen. Das höhere Selbst begleitet und unterstützt die Seele wie ein geduldiger Freund.

> **Wie wissen wir, ob das, was wir spüren, göttlich ist und nicht einfach unser Ego oder unsere Erwartung?**

Geist und Gefühle

Yoga bedeutet „Verbindung mit dem inneren Selbst oder Gott." Führen wir eine Tätigkeit für Gott aus, ist es Yoga. Das heißt aber nicht, dass wir jeden Unsinn machen und dann behaupten können, es sei für Gott. Es muss etwas sein, das Gott erfreut. Wenn ich durch meine Handlung anderen Lebewesen Leid zufüge, ist es keine göttliche Tätigkeit. Handle ich in selbstloser Liebe, erfreue ich Krishna.

In diesem Vers spricht Krishna davon, sich von der inneren göttlichen Führung leiten zu lassen. Wann wissen wir, ob das, was wir spüren, göttlich ist und nicht einfach unser Ego oder unsere Erwartung? Das zu erkennen, ist nicht so einfach und benötigt Übung, Erfahrung und vor allem innere Reinheit. Wir sind dann innerlich rein, wenn wir frei von Egoismus, Neid, Zorn und Hass sind und Krishna, so wie alle Lebewesen, lieben. Es gibt Momente, wo wir diesen Bewusstseinszustand haben. Dann können wir Krishnas Gegenwart spüren.

Je reiner unser Bewusstsein ist, umso besser kann uns Krishna von innen führen. Ist die innere Wandtafel jedoch mit unseren eigenen Wünschen und Vorstellungen vollgeschrieben, wird sich Krishnas Führung nicht offenbaren können.

Die indischen Schriften erklären, dass sich unsere ewige, individuelle Seele im Herzen befindet. Die Seele ist die Kraft und das Bewusstsein, das den gesamten Körper durchdringt. Sie ist winzig klein, ihre Energie jedoch beinahe unbegrenzt. Neben unserer eigenen Seele gibt es noch eine zweite Seele: *Paramatma*, das höhere Selbst. *Paramatma* ist wie ein Freund, der uns immer begleitet – in jedem Leben. Diese göttliche Seele ist auch der Zeuge, der alles wahrnimmt und uns die Wünsche gemäß unserem Karma erfüllt. Dieser Freund im Herzen wartet geduldig, bis wir uns ihm wieder zuwenden.

Krishna sprach:
„Die Weisen, die Gott liebevoll dienen, werden vom Kreislauf der Geburten und Tode befreit, indem sie sich von den Ergebnissen ihrer Handlungen lösen. Auf diese Weise erreichen sie den Ort jenseits aller Leiden." (BG 2.51)

Göttlich lieben

Wer egoistisch lebt, verbleibt in der materiellen Welt. Hier kann sich die Seele ohne Gott austoben. In diesem Bereich der Schöpfung können wir selbst Gott sein – oder es uns zumindest einbilden. Durch ein spirituelles Leben und wahre Liebe ist es möglich, uns von dieser Illusion zu befreien.

Liebe drückt sich durch Dienst aus. Wenn wir behaupten, unsere Partnerin oder unseren Partner zu lieben, genügen bloße Worte wie „ich liebe dich" nicht. „Action speaks louder than words." An unseren Taten und unserer Motivation lässt sich die Liebe messen.

Wer Gott liebt, möchte ihm auch dienen. Krishna benötigt unseren Dienst jedoch nicht. Einer seiner vielen Namen im Sanskrit lautet *Atma-Rama*: im Selbst zufrieden. Trotzdem können wir ihn mit unserem Dienst erfreuen: Wenn wir selbstlos, liebevoll und ungeachtet des Ergebnisses für Krishna handeln.

Dienst für Gott kann einfach sein. Krishna akzeptiert jede Tätigkeit, die aufrichtig ist und mit Liebe ausgeführt wird.

Der Ursprung der Liebe kommt von Gott selbst. Diese Liebe manifestiert sich auch in dieser Welt in vielen Nuancen: Liebe zu den Eltern, Geschwistern, Freunden, Partnern, Haustieren usw. – sie alle haben ihren Ursprung im Göttlichen. Wer andere Lebewesen in Beziehung zu Gott liebt, praktiziert spirituelle Liebe – jene wahre Liebe, die wir alle suchen, aber selten erlangen.

Unser Bewusstsein ist wie ein Spiegel. Je sauberer der Spiegel ist, umso genauer kann er das Originalbild reflektieren. Je reiner unser Bewusstsein ist, umso eher kann sich göttliche Liebe offenbaren. Wenn wir Krishna bitten, uns dabei zu helfen, und uns bemühen, werden auch wir reine Liebe entwickeln.

„Wenn ich das Wort Bhagavad-Gita höre, denke ich an Lebensweisheiten, Liebe und Hingabe."

– Allegra, 13, Oberlunkhofen AG (CH)

Liebe drückt sich durch Dienst aus. Behaupte ich, meinen Partner zu lieben, genügen Worte wie „ich liebe dich" nicht.

Krishna sprach:
„Jenen Menschen, die mich mit Liebe verehren und über mich meditieren, gebe ich, was sie benötigen und erhalte, was sie haben." (BG 9.22)

"Der bessere Weg ist nicht immer der einfachere. Die Bhagavad-Gita lehrt uns den besseren Weg – den Weg der Weisheit und der Liebe."

– Mara, 14, Au ZH (CH)

Wie ist es möglich, dass durch Liebe zu Krishna sämtliche wirtschaftlichen und sozialen Bedürfnisse erfüllt werden?

Krishnas Versprechen

Ist der Vers links die „Zauberformel," durch die wir Menschen all unsere Bedürfnisse erfüllen können? Einfach Krishna lieben und alles bleibt mir erhalten, was ich mag? Und wird mir Krishna wirklich alles geben, was ich benötige? Können dadurch sämtliche wirtschaftlichen und sozialen Bedürfnisse erfüllt werden?

Schauen wir Krishnas Aussage etwas genauer an: Über ihn meditieren heißt, bewusst an ihn denken, mit ihm verbunden sein. Nicht mechanisch oder mit Ansprüchen, sondern selbstlos und liebevoll. Nicht 1 Minute pro Tag, sondern so oft wie möglich.

Wenn Krishna verspricht, das zu erhalten, was wir haben, bezieht sich das nicht auf unsere materiellen Wünsche. Er erhält das, was wir für unser spirituelles Leben benötigen. Würde er unsere weltlichen Bedürfnisse erhalten, wäre das ein Hindernis auf unserem spirituellen Weg. Krishna möchte nicht unseren Illusionen helfen, sondern unsere Liebe zu ihm nähren – sofern wir das wünschen.

Doch manchmal macht er eine Ausnahme. Möchte ein Geweihter Krishnas unbedingt etwas Materielles – und bittet ihn Tag und Nacht darum – erfüllt ihm Krishna diesen Wunsch. Jedoch auf eine Weise, dass der Betroffene verstehen wird: Dieses „Geschenk" war nicht gut. In der Folge wird er in Zukunft Krishna nur um Sachen bitten, die auch langfristig von Wert sind.

Krishna verspricht, dass er sich um das Wohl seiner Geweihten kümmert. Niemand, der materielle Sicherheiten aufgibt, um Krishna mit Liebe zu dienen, braucht sich zu fürchten, dass ihm etwas fehlen wird. Krishna unterstützt und erhält seine Geweihten, um ihr Vertrauen in Gott zu stärken.

Krishna sprach:
„Wenn du mir mit Liebe und Hingabe ein Blatt, eine Blume, eine Frucht oder etwas Wasser anbietest, werde ich diese Gabe annehmen." (BG 9.26)

„Die Bhagavad-Gita zeigt uns, wie sich die Menschen der Natur und Gott gegenüber verhalten sollen."

– Abeiram, 18, Oensingen SO (CH)

Wir müssen kein Tier töten, nicht die Milch der Kälber trinken, um gesund, abwechslungsreich und schmackhaft essen zu können.

Einfach und natürlich

In Indien sagt man, einem Gast soll man mindestens drei Sachen anbieten: freundliche Worte, einen Sitzplatz und etwas Wasser. Das können alle. Das gleiche gilt für die Gaben, die wir Krishna darbringen. Es sind einfache Geschenke der Natur. Und kein Lebewesen soll dafür leiden müssen. Krishna nimmt kein Fleisch an.

Die meisten, die Fleisch essen, sind sich kaum darüber bewusst, was dahinter steckt. Wenn die Tierleichen (so muss man sie richtigerweise bezeichnen) schön verarbeitet und verpackt im Kühlregal liegen, denken wenige daran, dass ein fühlendes Wesen gewaltsam getötet wurde.

Eine zunehmende Anzahl junger Menschen isst heute weniger Fleisch, ernährt sich vegetarisch oder vegan. Früher hatten vor allem Wohlhabende Fleisch, ärmere Leute konnten es sich nicht leisten. Heute ist Fleisch durch die Industrialisierung und Subventionierung zum Teil so billig geworden, dass es Menschen mit niedrigem Einkommen in größeren Mengen einkaufen.

Eine Studie belegt: Je mehr IQ jemand hat, umso weniger Fleisch verzehrt er – und umgekehrt. Wer sich Gedanken über den gesamten Verlauf der Nahrungskette des Fleisches macht, kommt nicht drum herum, auf diese mit Gewalt und großen Umweltbelastungen versehenen Nahrungsmittel zu verzichten. Es gibt hierzulande genügend gewaltfreie, gesunde, abwechslungsreiche und schmackhafte Nahrungsmittel.

Mutter Natur ist froh, wenn wir mit ihr und all ihren Kindern – den Pflanzen, Tieren und Menschen – behutsam umgehen. Und wenn wir ganzheitliche, frische Nahrungsmittel liebevoll zubereiten, sie von Krishna segnen lassen und dann dankbar essen, freut sich Mutter Natur und hilft uns, erfolgreich auf unserem spirituellen Lebensweg fortzuschreiten.

Krishna sprach:
„Ich bin allen Lebewesen gegenüber gleich gesinnt. Niemanden weise ich zurück, und niemanden bevorzuge ich. Doch wer mir liebevoll dient, lebt in mir, und ich lebe in ihm." (BG 9.29)

Was ist Liebe?

"Die Bhagavad-Gita enthält viele praktische Tipps für das Leben – was getan und was nicht getan werden soll."

– Archana, 18, St. Gallen (CH)

Die schlechte Nachricht: Sich zu jemandem hingezogen fühlen oder sich zu verlieben, hat oft nichts mit Liebe zu tun.

Was genau ist Liebe?

Eltern, vor allem Mütter, lieben ihre Kinder ein Leben lang. Die Liebe einer Mutter kommt der Liebe Gottes am nächsten. Denn mütterliche Liebe ist meist selbstlos. Krishna geht noch weiter: Er liebt alle Seelen ewig. Nie trennt er sich von einem Lebewesen. Als unsichtbarer Freund und innerer Begleiter lebt er in unserem Herzen.

Krishnas Liebe den Lebewesen gegenüber ist bedingungslos. Doch kann er nur von jenen wahrgenommen werden, die ihn lieben.

Wie können wir lernen, Krishna zu lieben? Rupa Goswami, ein Krishna-Geweihter aus dem 17. Jahrhundert, betete einmal: „O Krishna, lass meine Zuneigung zu dir so natürlich sein, wie ein Mann zu einer Frau hingezogen ist."

Die Anziehung zu einem attraktiven jungen Körper ist in dieser Welt etwas Normales. Doch das hat meist nichts mit Liebe zu tun. Es geht um Sinnesfreude und unserem Bedürfnis nach Genuss oder nach sexueller Befriedigung. Die gute Nachricht: Aus einer Anziehung zum Körper eines anderen Menschen, aus einer anfänglichen Verliebtheit, kann sich auch Liebe entwickeln. Es handelt sich dann um Liebe, wenn es nicht mehr um die eigene Befriedigung, sondern um das Wohl des Partners geht; wenn wir auch die Schwächen des Gegenübers kennen und akzeptieren; wenn wir uns gegenseitig auf dem Pfad der menschlichen Entwicklung unterstützen. Sehen wir uns und die anderen als spirituelle Seele, als ewiger Teil Gottes, entwickelt sich spirituelle Liebe.

Schritt für Schritt können wir so unsere Liebesbeziehung zu allen Seelen und Krishna vertiefen. Wer in spirituelle Beziehungen investiert, wird nicht enttäuscht werden und wahre Liebe erfahren – das höchste Glück.

5. Kapitel, Vers 6

Krishna sprach:
„Jenen, die zu mir eine liebevolle Verbindung aufbauen, gebe ich das Verständnis, wie sie mich erreichen können. Ich bin im Herzen aller Lebewesen, und aus Mitgefühl zerstöre ich mit dem strahlenden Licht des Wissens die Dunkelheit, die aus Unwissenheit entsteht." (BG 10.10 – 11)

Was ist Liebe?

"Die Bhagavad-Gita ist etwas für Alt und Jung, Groß und Klein – alle können daraus einen Nutzen ziehen."

– Sundari, 12, Tallin, Estland

Wer die Welt aus der Perspektive eines Lernenden betrachtet, wird viel entdecken und mit Wissen und Erkenntnissen reich beschenkt werden.

Lebenslange Schulbank?

Eine Volksweisheit Indiens lautet: "Wenn wir einen Schritt auf Gott zu machen, macht er 1000 Schritte auf uns zu." Die Gnade und die Unterstützung Krishnas sind immer da, doch eine Bemühung unsererseits ist ebenfalls notwendig. Das Licht der Sonne scheint für alle. Um das Sonnenlicht zu erhalten, müssen wir den geschlossenen Raum verlassen und in die freie Natur gehen. Sonst können uns die wärmenden Sonnenstrahlen nicht erreichen.

Krishna gibt uns viele Möglichkeiten, Wissen und Weisheit zu empfangen. Aus jeder Erfahrung, die uns das Leben schenkt, können wir lernen. Unsere Erlebnisse sind wie Samen. Sie können zu einem Baum der Weisheit heranwachsen, wenn wir die Kunst anwenden, unsere Erfahrungen als Lektionen des Lebens zu betrachten. Auf was immer wir unseren Blick und unsere Aufmerksamkeit richten – es ist möglich, dahinter Gott zu sehen, der uns etwas zeigen und lehren will.

Betrachte ich einen Sonnenuntergang, kann ich erkennen, dass alles zu Ende gehen, aber auch wieder einen neuen Anfang nehmen wird. Beobachte ich Menschen, die sich lieben oder sich bekämpfen, ist auch das Schulunterricht, der die wechselnde Natur und die Launen des menschlichen Daseins aufzeigt.

Es heißt, dass wir leben, solange wir lernen. Und wir gelten als tot, wenn die Lernbereitschaft nicht mehr da ist. Wer sich und die Welt aus der Perspektive eines Lernenden betrachtet, wird immer viel entdecken und mit Wissen und Erkenntnissen reich beschenkt werden.

Wer darüber hinaus bemüht ist, eine liebende Beziehung zu Krishna und allen Lebewesen aufzubauen, wird von frustrierender Unwissenheit mehr und mehr befreit werden und durch göttliche Gnade mit Weisheit und Zufriedenheit gesegnet sein.

Krishna sprach:
„Lieber Arjuna, meine ewige Gestalt als Krishna kannst du nur durch reine Hingabe zu mir sehen. Auf diese Weise wirst du dich den Mysterien meines Daseins nähern können." (BG 11.54)

"Die Bhagavad-Gita ist von Krishna gesprochen worden, um uns zu helfen, das Leben zu verstehen."

– Nitai, 11, Zürich (CH)

„Betrachte nicht die Schönheit Krishnas, sonst verlierst du den Wunsch, in dieser Welt zu genießen."

(Rupa Goswami)

Balsam der Liebe

Eine Übersetzung des Wortes ‚Krishna' lautet: der All-Anziehende. Es gibt viele Texte, die mit poetischen Worten Krishna umschreiben. Sie sind jedoch höchstens Annäherungsversuche, denn alles Schöne dieser Welt ist bloß Spiegelung der ursprünglichen Schönheit Gottes.

Gott hat verschiedene Aspekte. Er ist höchster Herrscher des Universums. Eine weitere Form ist Gott im Herzen aller Lebewesen. Und wenige wissen um seine menschenähnliche Gestalt, deren Lieblichkeit alle Seelen bezaubern kann: Das ist Krishna, der die Flöte spielt und mit seinen Gefährten im Wald von Vrindavana tanzt.

Je nach Natur der Seele hat sie eine unterschiedliche Beziehung zu Gott. In der Krishna-Tradition kann Gott als Vater oder Mutter, Kind oder Freund, auch als Geliebte oder Geliebter verehrt werden. Der Liebesaustausch zwischen der Seele und Gott ist sehr persönlich und rein spirituell.

In den Schriften Indiens finden wir ausführliche Beschreibungen solcher Beziehungen zur höchsten Wahrheit. Ähnliche Passagen gibt es auch in jenen Religionen, die mystische Aspekte beinhalten. Im Vers 4.11 der Gita sagt Krishna: „In dem Maße, wie ein Lebewesen bei mir Zuflucht nimmt, offenbare ich mich." Das heißt, dass es für jede Seele eine individuelle Beziehung zu Krishna gibt. Alle Formen des Austausches mit Krishna sind in sich vollkommen und erfüllen die Seele mit spirituellem Glück.

Da Krishnas Gestalt nicht materiell ist, können wir ihn mit unseren Augen nicht sehen. Sind unsere Augen jedoch mit dem „Balsam der Liebe zu Gott geschmückt", können wir Krishna wahrnehmen. Das haben wir schon aus dem berühmten Buch, *Der kleine Prinz*, gelernt: „Man kann nur mit dem Herzen richtig sehen."

Krishna sprach:
„Wer in sich keinen Hass trägt, ein mitfühlender Freund aller Lebewesen ist, weder besitzergreifend noch egoistisch und ausgeglichen in Glück und Leid ist, anderen verzeiht, den spirituellen Pfad ernsthaft befolgt, selbstbeherrscht und entschlossen ist, wer seinen Geist und seine Intelligenz auf mich richtet – eine solche Seele ist mir sehr lieb."
(BG 12.13 – 14)

Was ist Liebe?

Der Zweck unseres Daseins

Ein Geweihter Krishnas akzeptiert Leid als eine Reaktion von Schmerz, den er einer anderen Seele zugefügt hat. Das muss nicht aus dem jetzigen Leben stammen. Es geht darum, die Schuld nicht anderen zuzuweisen, sondern für sein eigenes Leben Verantwortung zu übernehmen. Leiden kann auch als Möglichkeit akzeptiert werden, zu lernen und das Herz zu läutern. Durch Gottes Gnade fällt das Leid bei seinen Geweihten im Allgemeinen minimal aus. Ein spirituell ausgerichteter Mensch kann daher – trotz den mannigfachen Schwierigkeiten, die das Leben in dieser Welt unvermeidlich mit sich bringt – ruhig und ausgeglichen bleiben.

Wer sein Leben Gott weiht, ist zu allen Lebewesen gütig, selbst angesichts von Feindseligkeiten. Das ist möglich, weil sich eine solche Person mit der Seele und nicht mit dem Körper identifiziert.

Das 12. Kapitel der Bhagavad-Gita wird mit *Bhakti-Yoga* betitelt. *Bhakti* ist liebende Hingabe und Yoga bedeutet die Verbindung zu unserer spirituellen Essenz, dem Kern unseres Wesens. Yoga bedeutet auch Ausgeglichenheit. Im Kapitel 6 der Gita betont Krishna, dass ein Yogi weder zu viel isst noch zu wenig. Auch schläft er nicht übermäßig oder unterdrückt das Schlafen. Eine gesunde, natürliche Lebensbalance ist ein wichtiger Aspekt des Yoga.

Durch *Bhakti-Yoga* können wir Weltliches in Göttliches, Materielles in Spirituelles umwandeln. Stellen wir all unsere Talente, Besitztümer und Beziehungen in den Dienst Gottes, erwacht unsere Liebe zu ihm, zu seiner Schöpfung und zu allen Lebewesen. Wer diese Form von Yoga praktiziert, erreicht eine ideale Verbindung zwischen Körper und Seele. Dieser Vorgang gipfelt in reiner Hingabe zu Gott, wodurch der Zweck unseres Daseins erfüllt ist.

„Die Bhagavad-Gita ist nicht nur ein Religionsbuch der Hindus, sondern zeigt allen Menschen, wie sie Gott erreichen können."

– Filip, 13, Rostock HRO (D)

Bhakti-Yoga hilft uns, Weltliches in Göttliches, Materielles in Spirituelles umzuwandeln.

Krishna sprach:
„Durch liebende Hingabe zu mir wirst du alles über mich wissen können. Du wirst verstehen, wie ich in Wahrheit bin. Wenn du mich verstanden hast, wirst du in mein ewiges Reich eintreten." (BG 18.55)

„Die Bhagavad-Gita ist für mich eine familiäre Angelegenheit. Wir lesen sie regelmäßig zusammen in der Familie. Krishna begleitet uns in guten wie auch schlechten Zeiten."

– Lalita 17, Rostock HRO (D)

Selten und daher äußerst wertvoll ist die selbstlose Liebe.

Herz und Kopf

Mit dem Kopf können wir Krishna nicht verstehen. Das bedeutet nicht, dass die Intelligenz unwichtig wäre. Das Gehirn ist ein wertvolles Instrument, unser Leben und den Sinn des Daseins zu erforschen und zu einem gewissen Grad zu verstehen. Unsere Intelligenz ist jedoch beschränkt. Sie kann nur zweidimensional denken. Widersprüche kann sie meist nur schwer begreifen.

Das Herz ist ganzheitlicher und umfassender. Wenn wir Krishna nur durch Liebe verstehen können, heißt das, wir können ihn über das Herz und die Seele erkennen. Die Voraussetzung ist ein geläutertes Herz und reine Liebe. Ist unsere Liebe noch mit materiellen, egoistischen Verunreinigungen bedeckt, können wir höchstens Teilaspekte Krishnas wahrnehmen.

Echte Liebe ist selbstlose Liebe. Im Filmklassiker *Titanic* konnten die beiden verliebten Protagonisten nicht gemeinsam überleben. Sollten daher beide sterben? Falls Verliebte nicht zusammenbleiben können, ist es dann besser, zu zweit in den Tod zu gehen? Die junge Frau wurde vom Filmhelden gebeten, ohne ihn weiterzuleben und uneigennützige Liebe vorzuleben. Was sie dann auch tat … James Cameron, der Regisseur des Filmes, erklärte in einem Interview, was die Botschaft dieser gigantischen Hollywood-Produktion ist: selbstlose Liebe.

Liebe ist immer freiwillig und kann nicht erzwungen werden. Niemand kann uns befehlen, jemanden zu lieben, denn sie ist eine Angelegenheit unseres Herzens. Das macht die Liebe einzigartig, wertvoll, aber auch verletzlich.

Krishnas Versprechen, dass wir in sein ewiges Reich gelangen, wenn wir ihn verstehen, soll uns ermutigen, den Pfad der liebenden Hingabe zu Gott zu gehen. Der Weg, wie auch das Ziel, sind Gnade, Zufriedenheit und wahre Liebe.

Krishna sprach:
„Wer dieses höchste Geheimnis meinen Geweihten mitteilt, schenkt mir die größte Liebe und wird ohne Zweifel zu mir kommen." (BG 18.68)

"Die Bhagavad-Gita erklärt uns, warum wir leben."

– Jamina, 12, Rüschegg BE (CH)

Klappt etwas nicht, hält das Leben etwas Besseres für uns bereit.

Predigen und Missionieren?

Will Krishna, dass wir „Ungläubige" bekehren? Oder soll es eher liebevolles Austauschen spiritueller Wahrheiten unter Interessierten sein?

Im Laufe unseres Lebens treffen wir viele Menschen. Am besten ist es, sie alle mit Respekt zu behandeln. Das gilt auch unseren Eltern gegenüber, selbst wenn sie nicht immer so handeln, wie wir es uns wünschen.

Eltern sollten ihre Kinder bedingungslos lieben und ihnen helfen, ihre Lebensträume zu verwirklichen. Möchte ein Kind ein Popstar werden (meist nicht unbedingt, was sich Eltern wünschen), sollten Eltern ihr Kind trotzdem unterstützen. Erst die Zukunft wird zeigen, ob dies der richtige Beruf ist. Tun wir etwas gerne, und sind gut darin, kann es unsere Berufung sein.

Sollte die Person später merken, dass der Kindertraum doch nicht das Richtige war, nehmen ideale Eltern ihren Sprössling liebevoll in die Arme: „Das Leben hält für dich etwas Besseres bereit. Wir helfen dir weiterhin, deine Berufung zu finden."

Einige werden einwenden, dass ihre Eltern nicht so sind. Trotzdem sollten wir dankbar sein, denn sie sorgen für uns und geben uns so viel Liebe, wie sie können. Klar, wenn Eltern drogen- oder alkoholabhängig sind oder ihre Kinder körperlich oder psychisch misshandeln, darf das nicht toleriert werden. Im Extremfall muss das Kind Anzeige gegen seine Eltern erstatten.

Kinder müssen jedoch nicht tatenlos zusehen, wenn sich ihre Eltern ruinieren. Jugendliche sollten ihre eigene Kraft und Liebe nicht unterschätzen. Diego Maradona, der legendäre „Fußballgott" Argentiniens, sagte einmal: „Dank der innigen Bitte meiner Kinder hörte ich mit den Drogen auf." Es gibt viele Beispiele, wie Kinder für ihre Eltern eine wichtige Unterstützung für ein gesundes und sogar spirituelles Leben wurden.

6. Kapitel

Wie wirkt die Natur?

Die Natur ist etwas Faszinierendes. Doch genauso kann sie furchterregend sein – beispielsweise bei Überschwemmungen, Tornados, Erdbeben oder Lawinen. Die Macht der Natur ist trotz moderner Technik weitgehend unüberwindbar geblieben.

Es gibt noch eine andere Natur: die menschliche. Sie ist fast so unüberwindlich wie Mutter Natur. Im Sanskrit wird sie daher *Guna* („Seil") genannt. Unsere eigene Natur bindet uns alle stark.

Wie durch die drei Grundfarben Gelb, Rot und Blau alle Farbnuancen ausgedrückt werden können, so definieren die drei *Gunas* die Grundeigenschaften der Lebewesen in dieser Welt. Diese können mit Tugend, Leidenschaft und Dunkelheit umschrieben werden. In jeder Lebensform gibt es einen Mix dieser Eigenschaften – eine ist jedoch dominierend.

Krishna erklärt nicht nur, was die *Gunas* sind und wie sie auf alle Lebewesen wirken, sondern auch, wie wir sie überwinden können.

Krishna sprach:
„Die grundlegenden Eigenschaften der Natur – Tugend, Leidenschaft und Dunkelheit – binden die ewige Seele fest an den Körper." (BG 14.5)

Wie wirkt die Natur?

Fragen und Antworten

Das Sanskritwort *Guna* bedeutet „Seil." Diese Bezeichnung wird auch für die Charaktertypen der Lebewesen verwendet. Wir alle haben eine individuelle Natur, die uns oft wie ein Seil bindet. Warum ist ein Mensch so wie er ist? Eine wichtige und auch schwierige Frage. Doch niemand ist zu jung, um Themen zu verstehen, die nicht einfach sind. Zu fragen ist nie falsch. Der Volksmund sagt, es gibt keine dummen Fragen, nur dumme Antworten. Wer fragt, macht sich Gedanken. Das ist super.

Um etwas zu begreifen, muss es verständlich erklärt werden. Eine bildhafte, klare Sprache mit Vergleichen aus dem Alltag macht das Verstehen leichter. So ist es auch mit der Natur der Menschen. Sie wird in der Bhagavad-Gita in drei Gruppen aufgeteilt: *Sattva* ist lichtvoll und beinhaltet ein ausgeglichenes, zufriedenes und natürliches Leben; *Rajas* (Aussprache: Ratschas) ist feurig und wird von Leidenschaft und dem Wunsch nach Macht charakterisiert; *Tamas* ist Dunkelheit, welche Faulheit, Träumerei und Gleichgültigkeit ausdrückt.

Diese Grundeigenschaften wirken alle aufeinander ein und verbinden sich zu endlosen Kombinationen. Je nach Lebensform und Menschentyp ist eine vorherrschend. Solange wir in dieser Welt leben, können wir uns dem Einfluss der *Gunas* nie ganz entziehen. Sie wirken auf alles, was wir denken, sagen und tun.

Die Seele betritt gemäß ihren Wünschen freiwillig ein bestimmtes Energiefeld der *Gunas*, das uns dann beherrscht. Sind wir einmal unter dem Einfluss der entsprechenden Natur, ist es nicht einfach, sich wieder davon zu befreien. Bekannt ist die Aussage: „Der Geist ist willig, aber das Fleisch ist schwach." Wünschen reicht nicht, uns von der Gefangenschaft der *Gunas* zu befreien – es müssen Taten folgen.

So wie durch Mischen der drei Grundfarben Gelb, Rot und Blau alle Farben entstehen, so werden durch die Kombination der drei *Gunas* alle Charaktertypen der Lebewesen definiert.

Die Gunas sind wie ein Gefängnis, das wir freiwillig betreten, aber nur mit großem Aufwand wieder verlassen können.

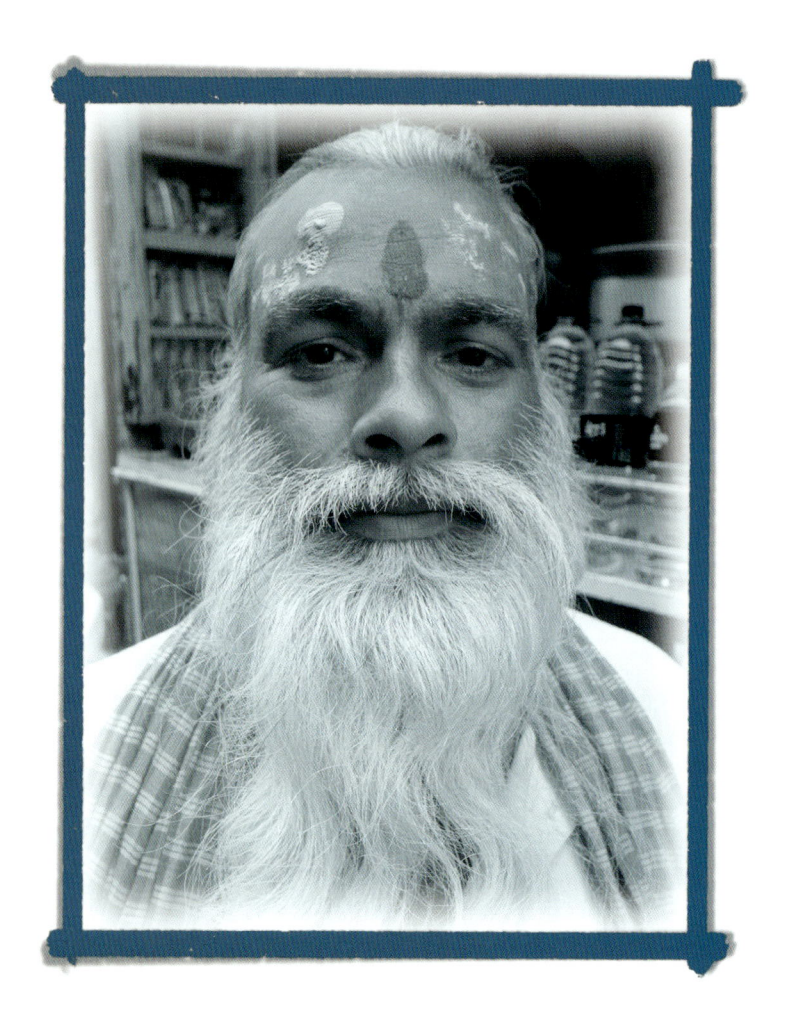

Krishna sprach:
„Die Grundeigenschaft der Tugend ist Reinheit. Sie führt zu Wohlbefinden und Erleuchtung. *Sattva* fesselt das Selbst jedoch durch Erkenntnis und Glück."
(BG 14.6)

Das Gefängnis der Tugend

Sattva ist das Sanskritwort für Tugend. Der Begriff steht für ein gesundes, einfaches und natürliches Leben, das sich durch das Licht des Wissens und der Weisheit auszeichnet. Eine tugendhafte Person ist friedlich und nicht im Konkurrenzkampf mit anderen. Wer in *Sattva* lebt, führt ein ausgeglichenes und zufriedenes Leben. Tugend ist die ideale Grundlage, um ein spirituelles Leben zu praktizieren.

Um eine Vorstellung der drei Grundeigenschaften der Natur zu erhalten, mag folgendes, übertrieben einseitiges Beispiel helfen: Nehmen wir einen Stadtpark im Sommer an einem normalen Arbeitstag. Um Mitternacht treffen wir dort Randständige, die wohl wochenlang die gleichen Kleider tragen und sich an billigem Alkohol laben. Sie stehen für die Erscheinungsweise der Dunkelheit, der Unwissenheit.

Gegen 7 Uhr früh kommen in geschäftigen Schritten Herren im Anzug – Aktenkoffer in der Hand, Smartphone am Ohr. Sie führen hektische Telefongespräche über den Aktienmarkt in Hongkong – besessen von Geldgier. Diese Leute verkörpern die Leidenschaft.

Im Verlauf des Morgens erscheinen Studenten in Birkenstocksandalen und essen eine biologisch-vegetarische Zwischenmahlzeit. Bei diesen Menschen ist die Tugend vorherrschend. Sie erfreuen sich an Vogelgezwitscher und Sonnenschein. Tagesszeitungen sind kaum ihre Lektüre, eher ein Buch von Paulo Coelho oder Hermann Hesse.

Krishna sagt, dass alle *Gunas* die Seele an diese Welt binden. Auch *Sattva*, denn das Anhaften an die Tugend ist ebenfalls eine Fessel. *Sattva* kann ein falsches Sicherheitsgefühl in dieser doch unsicheren Welt geben. Wer in Tugend lebt, ist trotzdem den Herausforderungen und Gefahren des Alltags ausgesetzt, wenn auch in einem geringeren Maße.

Friedliche Schwäne im kristallklaren Wasser repräsentieren die Grundeigenschaft der Reinheit und Tugend, welche zu Erleuchtung und Wohlbefinden führt.

Sattva ist die ideale Grundlage für spirituelles Leben.

Krishna sprach:
„Das Grundmuster der Leidenschaft ist starkes Verlangen, welches zu Gier und Zorn führen. *Rajas* fesselt das Selbst durch das Band triebhafter Handlung."
(BG 14.7)

Wie wirkt die Natur?

Das Gefängnis der Leidenschaft

In der heutigen Gesellschaft herrscht vor allem die Leidenschaft. Sie treibt die Menschen an, ehrgeizig nach Erfolg und gesellschaftlicher Anerkennung zu streben. Es ist auch die Gier nach sinnlichem Genuss und Macht. Unter dem Einfluss von *Rajas* („Ratschas") sind wir jedoch nie zufrieden – ständig wollen wir mehr oder etwas Besseres. Die Wirtschaft folgt diesem Muster weitgehend.

Sattva ist am Anfang unangenehm, bringt aber langfristig Zufriedenheit. *Rajas* schenkt kurz Freude, wenn der Wunsch in Erfüllung geht. Aber schon bald folgen neue Wünsche. *Tamas* ist sowohl zu Beginn wie auch am Schluss leidvoll, da diese Eigenschaft auf Unwissenheit beruht.

In der Winterzeit braucht es beispielsweise Überwindung, am Schluss kalt zu duschen, obwohl dies gesund ist und den Körper länger warm hält. *Sattva* ist oft so. *Rajas* wäre, nur warm zu duschen, da es gerade angenehm ist. Doch bald schon werden wir wieder frieren und benötigen von neuem etwas Warmes. Gar nicht duschen ist wie *Tamas*.

Ob in Tugend, Leidenschaft oder Dunkelheit – alle Lebewesen streben nach Glück. Nur sind die Wege dorthin und die Art des Glücks sehr unterschiedlich. Der Mensch in *Rajas* ist von einem starken Verlangen nach Genuss getrieben und findet weder Frieden noch Zufriedenheit.

Ob in Eisenketten, mit starken Seilen oder mit schönen Seidenbändern gebunden – alles ist eine Form von Gefangenschaft: *Tamas* ist wie an schweren Eisenketten gefesselt zu sein, *Rajas* wie in Seilen gebunden und *Sattva* gleicht einem Luxus-Gefängnis. – Wer ein spirituelles Leben praktiziert, möchte von allen Formen der Bindung in dieser materiellen Welt befreit sein.

„Man ist, was man isst." Auch Nahrungsmittel können den drei *Gunas* – Tugend, Leidenschaft und Dunkelheit – zugeordnet werden.

Menschen in Leidenschaft haben immer mehr Wünsche. Das ist Gier. Werden die Wünsche nicht erfüllt, folgt Zorn.

Krishna sprach:
„Die Grundeigenschaft der Dunkelheit ist Unwissenheit. Sie täuscht die Lebewesen und fesselt sie durch Schläfrigkeit, Gleichgültigkeit, Berauschung und Illusion."
(BG 14.8)

Wie wirkt die Natur?

„Die Bhagavad-Gita ist ein hilfreiches Buch für Menschen, die sich mit der indischen Kultur, Religion und Weisheit auseinandersetzen."

– Esma, 18, Rorschacherberg SG (CH)

Wenn wir uns gehen lassen, werden wir schnell von Unwissenheit, Faulheit und Gleichgültigkeit übermannt.

Das Gefängnis der Unwissenheit

Tamas zeichnet sich durch Faulheit, Niedergeschlagenheit, Träumerei und Unwissenheit aus. Im Gegensatz zu *Sattva*, welches durch das Licht repräsentiert wird, drückt *Tamas* die Dunkelheit aus. Wie das Licht die Wahrheit offenbart, bedeckt die Dunkelheit die Realität.

Im Düsteren, in der Tiefe der Nacht – oder dort, wo Licht keinen Zugang findet – können sich Illusion, Faulheit und die dunkle Seite des Menschen einfacher manifestieren. Dunkelheit herrscht auch da, wo durch übermäßigen Konsum von Berauschungsmitteln das Bewusstsein benebelt wird. Wer sinnlos dahinvegetiert, kein Ziel im Leben hat, weder sich noch andere achtet, ist von der Eigenschaft der Dunkelheit gefangen.

Um uns aus der Dunkelheit und Unwissenheit zu befreien, müssen wir uns anstrengen und uns manchmal sogar einen Tritt geben. Es ist wie mit unserem Schlafzimmer: Dreck und Unordnung kommen automatisch, wenn wir nichts dagegen machen. Wer sich nicht bewusst aufrafft, fällt praktisch automatisch in *Tamas*.

Die Entscheidung, und somit die Verantwortung, liegt bei uns. „Achte auf deine Wünsche, denn sie werden deine Gedanken. Achte auf deine Gedanken, denn sie werden deine Worte. Achte auf deine Worte, denn sie werden deine Taten. Achte auf deine Taten, denn sie werden zu deiner Natur. Achte auf deine Natur, denn sie wird zu deinem Schicksal." (Chinesisches Sprichwort)

Der Mensch ist ein Gewohnheitstier. Versuchen wir, sattvisch zu leben, werden die tugendhaften Eigenschaften ganz natürlich. Sind wir aber faul und nachlässig, halten uns die Ketten von *Tamas* fest. Und da die Zukunft ein Produkt der Gegenwart ist, werden wir als Folge in einer primitiven, sehr eingeschränkten Lebensform wiedergeboren. Nein danke! Bemühen wir uns, durch das Licht von *Sattva* geführt zu werden!

Krishna sprach:
„Wer versteht, dass alles in dieser Welt von den drei Grundeigenschaften der Natur bewirkt wird, und wer erkennt, was jenseits davon liegt, erlangt mich. Die Seele, die sich über die *Gunas* erhebt, wird von den Leiden der Geburt, des Alters, der Krankheit und des Todes befreit und kostet den Nektar des ewigen Lebens." (BG 14.19 – 20)

„Die Bhagavad-Gita ist das Tor in die spirituelle Welt."

– Livia-Maria, 15, Naters VS (CH)

Pflanzen, Tiere, Menschen – die Gunas haben sie alle fest im Griff.

Gunas überall!

Die letzten Verse beschrieben, dass die *Gunas* wie ein Gefängnis sind. Im Gefängnis zu sein, heißt nicht nur, hinter Gittern zu schmoren. Wir können Gefangene unserer Ängste, unserer Süchte, unsere Wünsche nach Ruhm, Anerkennung und Reichtum sein.

Wollen wir uns nicht von den Seilen der *Gunas* befreien, gleichen wir einem steuerlosen Boot im weiten Ozean, einem Blatt im Wind. Endlos bewegen wir uns auf und ab durch verschiedene Körper und Lebenssituationen. Mal wird es uns besser gehen, dann wieder schlechter.

Wer erkennt, dass nicht nur ein Bettler, sondern auch eine bezaubernde Prinzessin oder ein Hollywood-Star den Leiden des Alters, der Krankheit und des Todes ausgesetzt sind, sucht eine Lösung jenseits der materiellen Existenz. Im Vers auf der linken Seite nennt Krishna auch die Geburt als eine Form des Leidens. Wer bei einer Geburt dabei war – Bilder oder Filmausschnitte davon sah – weiß, dass dies nicht nur für die Mutter, sondern auch für das Baby eine riesige Herausforderung ist.

Beobachten wir die Lebewesen in dieser Welt, können wir sehen, wie bei allen die *Gunas* wirken – auch bei Pflanzen. Ein Baum beispielsweise, der duftende Blüten, schmackhafte Früchte oder heilende Substanzen hervorbringt, gilt als ein Baum in Tugend. Sprießen bei einer Pflanze nur Dornen, wachsen keine essbaren Beeren, sprechen wir von *Tamas*. Bei Tieren wirken die *Gunas* ebenso stark. Oberflächlich spricht man da vom tierischen Instinkt.

Das menschliche Leben gibt uns die Möglichkeit, entweder in den irdischen Regionen der Leidenschaft zu bleiben oder uns aufwärts zu den himmlischen Sphären der Erleuchteten zu bewegen. Was wir säen, werden wir auch ernten – wenn nicht in diesem Leben, dann im nächsten.

Krishna sprach:
„Wer die Tugend, die Leidenschaft oder die Täuschung der Dunkelheit weder ablehnt noch herbeisehnt und sich durch sie nicht stören lässt – von einem solchen Menschen wird gesagt, dass er die *Gunas* überwunden hat. Wer versteht, dass allein die *Gunas* handeln, ist im Selbst verankert und lebt in einem spirituellen Bewusstsein." (BG 14.22 – 23)

„Jedes Mal, wenn ich die Gita lese, mache ich wertvolle, neue Entdeckungen."

–Tara, 15, Stans NW (CH)

Wo genau will ich hin? Wie finde ich den Sinn meines Lebens?

Unbegrenzte Möglichkeiten

Anhaftung an oder Abneigung gegen die drei *Gunas* sind die Kräfte, welche die Seele an diese Welt binden. Krishna gibt uns den Rat, der Tugend, der Leidenschaft und der Dunkelheit gegenüber neutral zu sein. Das heißt, sie weder zu lieben noch zu hassen. Am besten ist es, wenn wir die *Gunas* als ein natürliches Gewebe des Lebens in dieser Welt sehen.

Durch diese Verse zeigt uns Krishna, wie die materielle Natur uns so handeln lässt, wie wir es tun. Durch die drei *Gunas* werden wir an Mutter Natur gebunden. Sie wurde von Krishna so geschaffen, damit die Seelen ihre Wünsche ausleben können. Gleichzeitig lehrt uns Krishna auch den Pfad der Selbsterkenntnis. Wir haben also die Möglichkeit, unsere Wünsche und unsere Handlungen zu überdenken: Wollen wir in der materiellen Welt der drei *Gunas* bleiben oder spirituelle Vollkommenheit anstreben?

Die Welt ist komplex geworden. Noch nie gab es so viele Möglichkeiten, ein so riesiges Angebot. Per Mausklick steht uns beinahe eine unbegrenzte Auswahl von Konsumgütern und Informationen zur Auswahl. Darum spricht man auch von der Multi-Optionsgesellschaft. Wenn alle Türen offen sind, heißt das nicht, dass auch alle Wege zum Glück führen.

Nur wer in Verbindung mit sich selbst kommt, und sich nicht im endlosen Spannungsfeld der Möglichkeiten verliert, kann den Verlockungen entgegenwirken und den Anforderungen dieser Welt gerecht werden. Wer die Stimme des Herzens und der Seele hört, ist authentisch und strahlt Zufriedenheit und Kraft aus. Dann verwirren uns die *Gunas* weder bei uns noch bei anderen Lebewesen. Sie sind nur äußere Energien, die unser wahres Selbst verdecken.

Krishna sprach:
„Wer mir liebevoll dient, erhebt sich über die drei Grundeigenschaften der materiellen Natur und erreicht die Stufe der Transzendenz." (BG 14.26)

Spirituelle Leiter

Krishna stetig und in liebender Hingabe zu dienen, bedeutet die *Gunas* der materiellen Natur überwunden zu haben. Für eine solche Seele ist das Freisein von Unwissenheit, Leidenschaft und Tugend natürlich und einfach.

Die Mehrzahl der Menschen ist mit ihren familiären, schulischen oder beruflichen Aufgaben im Alltag schon sehr ausgefüllt. Daneben versuchen sie, das Leben so gut es geht zu genießen. Für mehr reicht weder das Interesse noch die Zeit.

Ein vergleichsweise kleiner Teil der Bevölkerung praktiziert eine der vielen Religionsformen. Sie wünschen sich in diesem und im nächsten Leben den Segen Gottes für ein gutes Dasein. Noch weniger Menschen sind ernsthaft bemüht, ein spirituelles oder transzendentales Leben zu führen. Sie wollen sich von der Dualität dieser Welt (Glück und Leid) befreien, um Frieden und Erfüllung jenseits des Materiellen zu erlangen.

Gemäß der Bhagavad-Gita sind es nur ganz wenige, die den Pfad der liebenden Hingabe zu Gott beschreiten. Sie finden Erfüllung, indem sie in Gemeinschaft von Gleichgesinnten oder alleine Gott und seine heiligen Namen lobpreisen. Sie erfahren Freude, wenn sie über die spirituellen Tätigkeiten Krishnas hören oder sprechen. Ihre Seele kostet Glück, wenn sie Krishna liebenden Dienst darbringen.

Warum wollen die einen vor allem das Leben genießen, während andere sich reine Liebe zu Gott wünschen? Wer egoistisch handelt, ohne an das Wohl anderer zu denken, empfängt anscheinend nicht die „Gnade", das Göttliche suchen zu wollen. Wer jedoch anderen selbstlos hilft, scheint „gesegnet" zu werden. Dadurch erwacht der Wunsch, den Zweck des Daseins zu erforschen. Ein solcher Mensch begibt sich auf die Sinnsuche – von anfänglich materieller Frömmigkeit bis zum höchsten Ziel: Liebe zu Gott.

„Die Bhagavad-Gita kann in jeder Lebenssituation eine Hilfe sein."

– Fiona, 16, Meggen LU (CH)

Wenn die Liebe zu Gott erwacht, findet ein dynamischer Austausch spiritueller Freude statt.

7. Kapitel

Warum gibt es das Böse?

Das Böse ist eine Tatsache. In dieser Welt wird es das Negative immer geben – genauso wie das Positive.

Gemäß den indischen Schriften gab es vor langer Zeit ein goldenes Zeitalter. Da waren die Guten und Bösen klar getrennt.
Sie lebten auf unterschiedlichen Planeten. Im silbernen Zeitalter hielten sie sich in verschiedenen Ländern auf. Doch im nächsten Zeitalter, dem bronzenen, fand man beide bereits in der gleichen Familie vor.

Wir leben nun im eisernen Zeitalter. Das ist die kürzeste, aber auch die dekadenteste Phase der vier Zyklen. In dieser dunklen Periode finden wir das Gute und Böse noch näher beieinander: Es lebt in der gleichen Person.

Wir Menschen haben auch Schattenseiten: Unsere Gedanken, Worte und Taten sind nicht immer liebevoll. Manchmal werden wir von schlechten Energien überwältigt und handeln entsprechend.

Krishna erklärt die gottlosen Eigenschaften der Lebewesen, wo sie herkommen und wie wir uns auf die Seite des Lichtes und der Wahrheit stellen können.

Krishna sprach:
„Eine göttliche Ausrichtung führt zu Freiheit, wohingegen ein gottloses Leben an die Materie fesselt. Fürchte dich nicht, Arjuna, denn du wandelst auf dem göttlichen Pfad." (BG 16.5)

Warum gibt es das Böse?

„Obwohl es sich bei der Bhagavad-Gita um ein altes Buch handelt, bleibt ihr Inhalt aktuell."

– Narayana, 16, Wangen a.A. BE (CH)

Es gibt zwei Wege: einen breiten und bequemen sowie einen schmalen und steilen.

Tag und Nacht

In der vollständigen Bhagavad-Gita, die in 18 Kapitel eingeteilt ist, wird das 16. Kapitel oft mit „Licht und Dunkelheit" oder „Göttliches und gottabgewandtes Leben" überschrieben.

In den ersten drei Versen fasst Krishna die Eigenschaften jener Menschen zusammen, die einem göttlichen Pfad folgen. Aufgezählt werden die Reinheit des Herzens und die Suche nach spirituellem Wissen, aber auch Wahrhaftigkeit, Gewaltlosigkeit, Bescheidenheit und Wohlwollen allen Lebewesen gegenüber gehören dazu.

Anschließend heißt es: „Und dies sind die Eigenschaften von Menschen, die einem niederträchtigen Lebenswandel zugeneigt sind: Heuchelei, Stolz, Zorn, Grobheit und Unwissenheit." (BG 16.4)

Gemäß der Gita gibt es keinen Teufel, der auf der Gegenseite Gottes steht und möglichst viele Seelen für sich gewinnen möchte. Krishna sagt an mehreren Stellen, dass *alles* von ihm kommt – das heißt auch das Böse. Das mag einige verblüffen, da Gott fast immer als „all-gut" bezeichnet wird. Krishna fügt an, dass das von ihm Abgewandte, das Böse – sein Schatten, seine Rückseite – ist und von ihm wegführt, ins Verderben.

Wir können also wählen: Wollen wir uns Gott und den göttlichen Eigenschaften nähern oder in die entgegengesetzte Richtung schreiten? Gemäß der Bibel soll der eine Weg schmal und steil, der andere breit und bequem sein. Doch die Ziele der beiden Wege sind so unterschiedlich wie Tag und Nacht.

Wer mit einem offenen und wohlwollenden Herzen die Bhagavad-Gita liest, muss sich – genau wie Arjuna – nicht fürchten. Krishna versichert, dass eine solch ernsthafte Seele auf dem göttlichen Pfad wandelt.

Krishna sprach:
„Zwei Arten von Lebewesen befinden sich in dieser Welt: göttliche und gottlose; die göttlichen wurden bereits ausführlich beschrieben. Höre nun über die gottabgewandten. Diese wissen nicht, was getan und was nicht getan werden sollte. In ihnen gibt es weder Reinheit noch rechtes Verhalten noch Wahrheit." (BG 16.6 – 7)

Warum gibt es das Böse?

Zwei Naturen, zwei Welten

Macht es sich Krishna nicht zu leicht, wenn er die Lebewesen in zwei Gruppen einteilt – sie in eine schwarze und eine weiße Schublade steckt? Es ist immer eine Frage der Perspektive. Einerseits sind alle gleich – nämlich Menschen, andererseits kann man sie einteilen in Junge und Alte, Männer und Frauen, Europäer und Asiaten usw.

In diesem Vers unterscheidet Krishna die Menschen nach ihrem Verhalten und ihrer Einstellung. Sie können in zwei Hauptgruppen unterteilt werden: Solche, die sich Gott zuwenden, und solche, die sich von ihm abwenden. Logisch: Innerhalb dieser beiden Gruppen gibt es auch Nuancen und Schattierungen.

In Indien werden gottlose Wesen *Asuras* und *Rakshasas* genannt. Die ersten zeichnen sich durch ein materialistisches Verhalten aus. Die zweiten sind diabolische Gestalten, die anderen Wesen gern Leid zufügen.
Bild: Rakshasa-Darsteller in einem südindischen Dämonen-Tanz.

Die Bhagavad-Gita möchte jene motivieren, die auf dem spirituellen Pfad unterwegs sind. Wer nicht an Gott und das Gute glaubt, der wird an Krishnas Aussagen nicht interessiert sein. Die Gita informiert uns in diesen Versen, wie jene ticken, die spirituelles Leben bewusst und entschieden zurückweisen.

Das Sanskritwort *Sura* bezieht sich meist auf göttliche oder dem Licht zugewandte Seelen. Das Gegenteil ist *Asura*: Ein solches Wesen ist stolz, egoistisch und hat sich dem materialistischen Leben verschrieben. Warum öffnen sich die einen dem spirituellen Pfad, während andere einfach das Leben genießen wollen – auch auf Kosten anderer?

Je nach Perspektive können die Wesen in gute oder böse, dunkle oder lichtvolle eingeteilt werden.

Die Schriften Indiens erklären, dass die Seele von Natur aus genießen möchte. Die einen sind zufrieden mit einem einfachen, natürlichen und göttlichen Leben. Andere sind bereit, für Genuss und Macht über Leichen zu gehen. Es sind die individuellen Wünsche, die zu einer entsprechenden Haltung und Handlung führen. Krishna erlaubt der Seele diese Freiheit, warnt aber vor den Konsequenzen, wenn wir uns für den Weg der *Asuras* entscheiden.

Krishna sprach:
„Für die *Asuras* hat die Welt keinen Sinn, keine Grundlage. Sie sagen, es gäbe keinen Schöpfer, und die Welt wäre aus lebloser Materie sowie der Lust der Lebewesen entstanden. Menschen mit solch irrigen Ansichten haben sich selbst verloren und werden zu Feinden dieser Welt, getrieben von schädlichen und zerstörerischen Handlungen." (BG 16.8 – 9)

Warum gibt es das Böse?

Die Spreu vom Weizen trennen

In diesen Versen zeigt Krishna die Natur von gottlosen Menschen direkt und ungeschminkt auf. Sie sind voller Heuchelei und Stolz, lassen sich von falschen Ideen täuschen, und ihre Motive sind unehrlich. Ferner sagt Krishna: „*Asuras* sind überzeugt, dass es nichts Höheres als die Befriedigung der Sinne gibt. Diese endlose Suche nach immer mehr materiellem Genuss führt zu Ängsten, die erst mit dem Tod enden. Gebunden durch ein endloses Netz aus Begierden, versuchen sie durch unehrliche Mittel Reichtum anzuhäufen, um ihre Lust zu befriedigen." (BG 16.10 – 12)

Ja, es gibt nicht nur Gutes in dieser Welt. Bei Kindern ist es wichtig, sie vor negativen und gewalttätigen Energien zu schützen, sonst kann es zu emotionellen Schäden führen. Jugendliche und Erwachsene müssen wissen, dass es auch niederträchtige Naturen gibt. Wir sollten uns ihnen gegenüber nicht öffnen, da sie uns verletzen können. Wir tun gut daran, entsprechende Bücher und Filme ebenfalls zu vermeiden. Sie bringen eh nichts, sind Zeitverschwendung und ziehen unser Bewusstsein in den Abgrund.

Begegnen wir Menschen, die eine destruktive Mentalität besitzen, müssen wir uns von ihnen distanzieren. Wir wünschen ihnen nichts Schlechtes, können für sie auch beten, aber ihre Gesellschaft gilt es zu vermeiden.

Es ist wichtig, dass wir lernen zu unterscheiden: Wer tut uns gut, wer schadet uns? Sind wir innerlich stark und entsprechend ausgebildet, können wir Menschen mit einer hasserfüllten Lebenseinstellung oder psychischen Problemen vielleicht helfen. Am besten ist es, dies Profis zu überlassen. Mit Gleichgesinnten bauen wir eine herzliche Freundschaft auf. Und bei Mitmenschen, die uns im Leben weiterbringen, ist dankbares Lernen ideal. So empfehlen es die Schriften Indiens.

„Die Bhagavad-Gita ist auch für jene spannend, die sich noch wenig Gedanken über den Sinn des Lebens machen – wie viele Jugendliche."

– Kishor, 16, Birsfelden BL (CH)

Wer von den Kräften der Dunkelheit beherrscht wird, neigt zu Gier, Hass und Zorn.

7. Kapitel, Vers 4

Krishna sprach:
„Die von der Dunkelheit Getäuschten denken, dass sie dank ihres Könnens erfolgreich sind und ihre Schätze gehören nur ihnen. Ihren Reichtum wollen sie weiter vermehren und ihre Feinde vernichten. Sie herrschen und genießen, wie es ihnen passt. Solche Wesen fühlen sich mächtig, adelig und glücklich. Indem sie Opfer durchführen und Spenden geben, meinen sie, ihnen könne nichts geschehen." (BG 16.13 – 15)

Warum gibt es das Böse?

„Die Gita zeigt das Leben aus verschiedenen Blickwinkeln – frei von Sentimentalität."

– Sudevi, 16, Bruneck, Südtirol (I)

Plagen uns negative Gedanken, ist es anfangs noch relativ leicht, sich mit erfüllenden Tätigkeiten abzulenken.

Horrorszenario

Bestimmte Lebenserfahrungen können zu Enttäuschung und Verbitterung führen. Dadurch mag sich jemand entscheiden, einen hasserfüllten, zerstörerischen Weg einzuschlagen. Das wird nicht nur das Umfeld einer solch gottabgewandten Person in Mitleidenschaft ziehen, sondern am meisten sie selbst. Dieser vernichtende Lebensweg ist eine vorübergehende Krankheit der Seele und keine ewige Verdammnis.

Ein frustriertes Bewusstsein verneint alles Gute. Dadurch überwältigt die dunkle Grundeigenschaft der Natur die Leidenschaft und Tugend. Ist jemand von der Dunkelheit beherrscht, neigt er zu schädlichen und zerstörerischen Handlungen. Eine solche Person ist geradezu besessen, Sinnesfreuden zu genießen. Wer sich durch sinnlichen Genuss knechten lässt, erfährt Schmerz anstatt Freude. In der Folge wird die Seele durch eine dicke Schicht Unwissenheit bedeckt. Diese gefährliche Situation ist wie eine Abwärtsspirale, die zu Verrücktheit und Angst führt – ein Zustand, aus dem ein Entrinnen schwierig ist.

So weit muss es nicht kommen. Der mentale Bereich des Bewusstseins umfasst drei Ebenen: Denken, Fühlen und Wollen. Plagen uns zerstörerische Gedanken, ist es anfangs noch relativ leicht, sich mit erfüllenden Tätigkeiten abzulenken. Das kann durch Sport, Singen, Tanzen oder auch einen Spaziergang in der Natur erreicht werden. Tun wir aber nichts, dreht sich die negative Spirale des Geistes weiter. Dadurch haben wir nicht nur böse Gedanken, sondern wir beginnen diese Eigenschaften auch zu fühlen. Machen wir immer noch nichts dagegen, verstärkt sich das Ganze mehr und mehr. Es ist nur eine Frage der Zeit, bis wir das Dunkle auch zulassen. In diesem Zustand ist der Albtraum kaum mehr aufzuhalten, und die Person und ihre Umgebung werden viel Leid erfahren müssen. Lasst uns alles tun, damit es nie so weit kommen wird!

Krishna sprach:
„*Asuras* sind eingebildet und stur. Vom Reichtum berauscht, stellen sie Frömmigkeit zur Schau, ohne sich um die wahre Bedeutung der Religion zu kümmern. Überwältigt von Selbstsucht, hassen mich diese neidischen Personen, der ich in ihrem wie auch in allen anderen Körpern lebe." (BG 16.17 – 18)

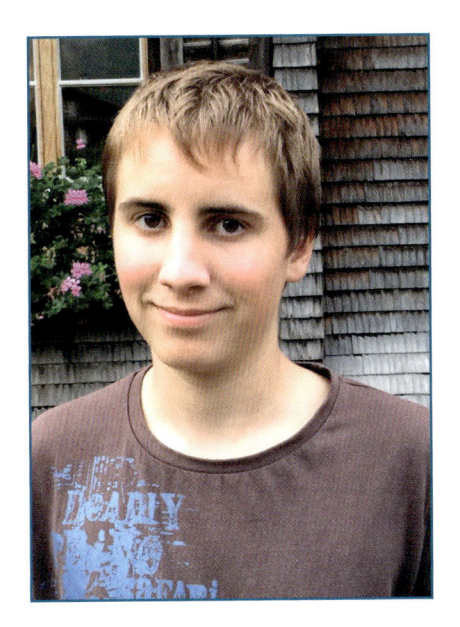

„Die Bhagavad-Gita ist ein Wissensbuch, das die Gesetze dieser Welt verständlich erklärt."

– Noah, 15, Lungern OW (CH)

Asuras suchen Konflikte und zetteln Kriege und Massaker an.

Vergangenheit, Zukunft

Skrupellose Menschen sehen in Konkurrenten Feinde und ziehen alle, mit denen sie es zu tun haben, in Konflikte hinein. Die Ursache ihrer zerstörerischen Handlungen liegt in ihrem tiefen Hass gegenüber Gott, dieser Welt und letztlich sogar sich selbst.

Wenn Gott voller Barmherzigkeit und Liebe ist, warum lässt er die schändlichen Taten hasserfüllter Lebewesen zu? Krishna betont in der Bhagavad-Gita, dass er allen Lebewesen gegenüber neutral ist. Er mischt sich nicht in die Unabhängigkeit der Seele ein. Er erfüllt sogar ihre Wünsche gemäß ihrem Karma – selbst wenn sie zu ihrem Nachteil sind. Ist eine Seele entschlossen, sich von Gott abzuwenden, lässt Krishna zu, dass sie sich in einem Zustand der Dunkelheit verliert; doch vergessen tut er eine solche Seele nie. Durch seine immerwährende Gnade kann sie aus dieser Unwissenheit wieder aufwachen.

Treffend heißt es: „Jeder Heilige hat eine Vergangenheit, jeder Sünder eine Zukunft." Wir haben keine Möglichkeit, die Vergangenheit zu ändern, jedoch die Chance auf eine gute Zukunft. Für Teenager ist die Gegenwart oft ein Durcheinander der Gefühle – wie die Chaosphase beim Umziehen. Wer schon einen Umzug erlebt hat, weiß, wie vor, während und nach dem Umzug Chaos herrscht. Auch muss entschieden werden, was behalten, weggegeben und neu angeschafft wird. Das tut gut. Klarheit des Bewusstseins erreichen wir, indem wir von Zeit zu Zeit die Einsamkeit aufsuchen. In diesem Zustand ohne äußere Ablenkung und echter Ruhe verschwinden falsche Identitäten. Unechte Bedürfnisse und Spekulationen schmelzen dahin wie Schnee in der Frühlingssonne. Gönnen wir unserer Seele diese Auszeit, denn die Zukunft ist ein Produkt der Gegenwart.

Krishna sprach:
„Drei Tore der Selbstzerstörung führen in die Dunkelheit: Lust, Zorn und Gier. Gib daher diese Laster auf. Wer es schafft, sich von diesen drei Toren der Dunkelheit fernzuhalten und sich um die Erhebung seines Bewusstseins bemüht, wird eines Tages das höchste Ziel erreichen."
(BG 16.21 – 22)

„Die Bhagavad-Gita hilft das Böse zu überwinden und das Gute zu erreichen."

– Keshavan, 12, St. Gallen SG (CH)

Nächstenliebe bedeutet, den Menschen zu helfen, Zuversicht und Hoffnung zu finden.

Drei Tore zur Dunkelheit

In den vorangegangen Versen beschreibt Krishna die Gefahren einer gottabgewandten Gesinnung und die daraus folgenden zerstörerischen Tätigkeiten. Nun fordert er uns auf, alles zu tun, um uns von den Toren der Dunkelheit fernzuhalten.

In der heutigen, von Leidenschaft durchdrungenen Welt, sind Lust, Zorn und Gier beinahe allgegenwärtig. Es gilt jedoch, diese Eigenschaften weder zu verdammen noch zu begrüßen. Am besten ist es, ihnen neutral zu begegnen, da Abneigung die Kehrseite von Anhaftung ist. Sowohl das Liebäugeln mit Gier und Lust, wie auch das Verfluchen dieser Eigenschaften, sind gleichbedeutend mit dem Öffnen der Tore zur Dunkelheit.

Wir leben in einer Zeit, in der die Gefahren dieser Tore meist nicht erkannt werden. Durch die starke Ausbreitung einer Vergnügungs- und Suchtgesellschaft sind die Tore der Zerstörung weit geöffnet. Eine mächtige Minderheit, getragen von materialistischen Wünschen, will von der dunklen Seite der Menschen profitieren. Diese rücksichtslose Gruppe trägt ein Teil der Verantwortung für die ungerechte Verteilung von Reichtum und Armut sowie Krieg aus Macht- und Profitgier.

Durch das Öffnen der Tore zur Dunkelheit wird der Zugang zur Seele geschlossen. Das ist eigentlich die größte Grausamkeit, weil dadurch den Menschen ihre tiefere Lebensperspektive und ihre Hoffnung geraubt werden. Eine der wertvollsten Formen der Nächstenliebe ist es, anderen zu helfen, ihre göttliche Natur wiederzuerwecken und den Mitmenschen Wahrheit, Hoffnung und Zufriedenheit zu schenken.

8. Kapitel

An was soll ich glauben?

Glauben tun alle. Auch der Atheist: Er glaubt einfach nicht an eine göttliche Macht. Glauben und Vertrauen sind Eigenschaften des Bewusstseins. Je nach unseren Erfahrungen kann der Glaube erschüttert oder gestärkt werden. Wer Schreckliches erleben musste, verliert manchmal den Glauben an das Gute.

Glaube ist nicht etwas, dem wir einfach ausgeliefert sind. Wir können unsere Einstellung beeinflussen. Wollen wir vor allem das Schlechte in dieser Welt sehen? Oder auch die vielen positiven Sachen? Für beides gibt es genügend Beispiele.

Religion soll dem Menschen helfen, an Gott und an das Gute zu glauben. Gläubige Menschen sind meist auch hoffnungsvoll. Hoffnung muss jedoch nicht bedeuten, dass etwas gut ausgehen wird. Hoffnung ist die Gewissheit, dass es Sinn macht und alles einen Grund hat – egal wie es ausgeht.

Das zweitletzte Kapitel zeigt, dass die *Gunas* den Glauben der Menschen ebenfalls prägen. Wir lernen die verschiedenen Glaubensarten kennen – von den destruktiven bis zu den göttlichen. Der Glaube ist ein spannendes Thema, da er viel über den Menschen aussagt.

8. Kapitel, Vers 1

Arjuna fragte:
„Krishna, was ist mit Menschen, die religiöse Opfer darbringen, sich aber nicht an die Schriften halten? Nach welchen Kriterien handeln sie?" (BG 17.1)

Krishna sprach:
„In dieser Welt entwickeln die Seelen ihren Glauben gemäß ihrer Natur in Tugend, Leidenschaft und Dunkelheit. Höre nun über den Glauben." (BG 17.2)

An was soll ich glauben?

„Die Bhagavad-Gita hilft mir zu unterscheiden, was echte und was falsche Religion ist."

– Sophia, 14, Konstanz / Bodensee (D)

Jeder Mensch sieht diese Welt mit all ihren Geschehnissen gemäß seinem Glauben.

Die Glaubensleiter

Der Glaube ist so vielseitig wie der Mensch:
1) Gleichgültige: Ob es Gott gibt oder nicht, ist ihnen egal. Gott interessiert sie einfach nicht (lethargische Einstellung).
2) Ungläubige: Sie machen sich Gedanken über die Frage, ob Gott existiert oder nicht. Ihre Schlussfolgerung: Es gibt keine höhere Wahrheit (Atheisten).
3) Wissenschaftler: Nur was sich wissenschaftlich beweisen lässt, akzeptieren sie. Einige von ihnen kommen anhand ihrer Nachforschungen zum Ergebnis, dass es keinen Gott gibt. Doch genauso gibt es Wissenschaftler, die durch ihre Forschungsarbeiten zu gläubigen Menschen wurden. Der berühmteste unter ihnen ist wohl Albert Einstein.
4) Rationelle: Gemäß ihrer Logik lässt sich Gott nicht nachweisen, deshalb praktizieren sie keine Religionsform. Sie schließen Gott jedoch nicht kategorisch aus (Agnostiker).
5) Naturgläubige: Oft wird diese Religionsform primitiven Naturvölkern zugeschrieben. Für sie ist Gott in der Natur, zum Beispiel in einem mächtigen Berg, im Blitz und Donner sowie in anderen Naturphänomenen (Pantheisten).
6) Einheitsgläubige: Für sie ist alles *eins* – die Natur, die Lebewesen und Gott (Monismus).
7) Mehrgötterglaube: Die Schöpfung ist für sie durchdrungen von vielen Göttern und Halbgöttern in höheren Dimensionen. Im Allgemeinen wird so der Glaube der alten Ägypter, Griechen, Römer und auch der Hindus bezeichnet (Polytheismus).
8) Nur ein Gott: So sehen sich Christen, Juden, Muslime und teilweise auch Hindus – *ein* Gott über der gesamten Schöpfung (Monotheismus).
9) Eins und verschieden: Für diese Gläubigen sind die Seelen fast gleich wie Gott. Sie unterscheiden sich von ihm durch ihre begrenzten Kräfte und Möglichkeiten.

Krishna sprach:
„Der Glaube des Menschen bringt sein Wesen zum Ausdruck. Ein Mensch ist das, was er glaubt, und der Glaube ist das, was ihn ausmacht." (BG 17.3)

„Dank der Bhagavad-Gita ist vieles im Leben für mich klarer und verständlicher geworden."

– Selin, 18, Düsseldorf NRW (D)

Überzeugungsarbeit und Bekehrungsversuche sind meist reine Zeitverschwendung.

Seligmachender Glaube?

Glaube drückt sich entsprechend dem Wesen aus, mit dem ein Mensch geboren wird. Zusätzlich prägen ihn die Lebenserfahrungen. Der Glaube leitet den Menschen in dem, was er denkt, sagt, tut oder unterlässt. So wie der Mensch ein mysteriöses, oft unberechenbares Wesen ist, drückt sich auch sein Glaube aus. Der Glaube beinhaltet Hoffnung und Vertrauen, aber auch Unsicherheit und Angst. Ähnliche Gegenpole finden sich in der Liebe, in der sich auch Egoismus versteckt, und in der Wahrheit, in der Kalkül mitschwingt.

Beim religiösen Glauben geht es um das Höchste, das Schlussendliche. Somit spielen auch Drohung und Macht eine Rolle. Paradiesische Versprechungen, himmlische Freuden, ewiges Leben – da wirkt doch auch die menschliche Verführbarkeit mit.

Ob es um politische, gesellschaftliche oder religiöse Ansichten geht – Bekehrungsbemühungen und Argumentieren bringen meist nichts. Hunderte von sogenannten Beweismitteln und Facts können einen Menschen nicht ändern, es sei denn, er ist offen und sucht etwas Neues.
Der Glaube ändert und entwickelt sich im Verlaufe der Zeit so oder so – durch persönliche Erfahrungen, neue Erkenntnisse, dem sozialen Umfeld und dem Zeitgeist.

Es wird gesagt, Glaube macht selig. Da ist sicher etwas Wahres dran. Wer an Gott glaubt, für den hat das Leben auch Sinn. Man kann den Herausforderungen und Schicksalsschlägen auf unserer Lebensreise dank dem Glauben gelassener und mit mehr Vertrauen begegnen. Es tut gut, auch für unseren Glauben zu beten, um mit Zuversicht und Hoffnung gesegnet zu sein.

Krishna sprach:
„Menschen in Tugend verehren das Göttliche, solche in Leidenschaft schenken ihre Achtung den Machtbesessenen und Gottlosen. Und jene in Dunkelheit verehren Geister."
(BG 17.4)

An was soll ich glauben?

Erniedrigend oder erhebend

Krishna unterscheidet zwischen verschiedenen Arten gläubiger Menschen. Wer seinem Körper sinnlos harte Bußen und Qualen zumutet, hat ein verzerrtes Gottesverständnis. Dadurch kann Krishna weder erfreut noch erreicht werden. Solche Personen gewinnen nichts.

Indem wir sozusagen die „*Guna*-Brille" aufsetzen, können wir die Glaubensarten gemäß den Grundeigenschaften der Natur betrachten. Dadurch sehen wir klarer, warum bestimmte Menschen auf ihre Art glauben.

Religion ist dazu da, um sich menschlich und seelisch weiterzuentwickeln. Personen in *Sattva* fühlen sich zur höheren göttlichen Wahrheit hingezogen. Ihr Glaube ist nicht einfach ein Lippenbekenntnis – ein Runterleiern frommer Sprüche. Im Gegenteil: Im Stillen helfen sie bedürftigen Mitmenschen, setzen sich für leidenden Tiere und die Erhaltung der Natur ein – als selbstlosen, liebevollen Dienst für Gott.

Menschen, die religiöse Mittel benutzen, um mehr Macht zu bekommen, sind von *Rajas* getrieben. Ihre Frömmigkeit ist vor allem äußerlich. Diese materialistischen Religionspraktiker haben wenig Göttliches in sich, auch wenn sie sich diese irreführende Etikette aufkleben.

Wer sich und anderen Leid zufügt und Handlungen ausführt, die in den heiligen Schriften nicht empfohlen werden, ist von *Tamas* überschattet. Alle Formen der Gewalt, die im Namen von Religion ausgeübt werden, gehören dazu. Krishna sagt, dass sie damit nicht nur die betroffenen Lebewesen quälen, sondern auch ihn.

Wer Religion in *Rajas* oder *Tamas* lebt, entfernt sich von der göttlichen Wahrheit. Indem wir unseren Glauben tugendhaft und gemäß den Empfehlungen der Schriften praktizieren, erhalten wir den Segen Krishnas. Dadurch können wir spirituell wachsen.

„For me, the Bhagavad-Gita is a book that helps me to realize God and thus end suffering."

– Lea, 20, Tallin (Estonia)

Licht und Dunkelheit, Göttliches und Teuflisches, gibt es auch im Glauben.

Krishna sprach:
„Opfer, die aus Pflicht gemäß den heiligen Schriften ausgeführt werden, ohne das Trachten nach Anerkennung, sind Opfer in Tugend." (BG 17.11)

"Die Bhagavad-Gita beinhaltet jenes Wissen, das den Menschen alle Formen der Angst nehmen kann."

– Dominik 20, Marthalen ZH (CH)

Wenn ich an Gott glaube, bedeutet das nicht, dass ich jetzt Superman werde.

Mein Leben opfern?

Ein Leben ohne Opfer ist nicht möglich. Doch das Leben ist nicht dazu da, nur Opfer zu bringen. Wir alle benötigen Momente der Entspannung und des Vergnügens. Dies ist die in der Gita so oft empfohlene Balance: Extreme meiden.

Was sind Opfer? Es sind freiwillige Handlungen, die jedoch Überwindung kosten. Ein erstes Opfer am Tag mag das Aufstehen sein, vor allem, wenn's im Bett warm und kuschelig, draußen aber kalt und dunkel ist.

Gläubige Menschen bringen Opfer, um Gott zu erfreuen. Doch eines müssen wir beachten: Jedes Opfer tun wir im Endeffekt für uns – selbst wenn jemand behauptet, er mache es für die Familie, die Mitmenschen, für Gott. Da Opfer immer freiwillig sind, führen wir sie aus, weil sie uns ein gutes Gefühl geben oder einen Mehrwert in der Zukunft bringen.

Gott zwingt uns nicht, uns für ihn zu opfern. Krishna empfiehlt lediglich: „Was immer du tust, welche Opfer oder Entsagungen du auf dich nimmst – tu es als eine Darbringung an mich." (BG 9.27)

Es gibt keinen Business-Deal mit Gott: „Wenn ich so viel bete und dieses Opfer für dich bringe, dann musst du ... " – Das funktioniert nicht. Im Auf und Ab des Lebens ist der eigentliche Unterschied zwischen gläubigen und ungläubigen Menschen eigentlich nur die Verbindung zu Gott, die Gläubige fühlen.

Der Glaube an Gott bedeutet nicht, dass wir deshalb gesunde, fröhliche und erfolgreiche Wesen werden. Trotzdem: Bei allen Herausforderungen und Schicksalsschlägen, die das Leben in dieser Welt mit sich bringt, haben Gläubige eine Beziehung zu Gott – was Kraft und Trost gibt.

Krishna sprach:
„Opfer, die aus materiellen Motiven
wie Stolz oder Anerkennung ausgeführt
werden, sind Opfer in Leidenschaft."
(BG 17.12)

„Langsam beginne ich zu erahnen, was für tiefe Weisheiten in der Gita zu finden sind."

– Nandini, 16, Berlin (D)

„Stell dir vor, es gibt nichts für das du töten oder sterben musst."

(John Lennon)

Opfer ohne Gewinn

Im letzten Vers stand: „Wer Opfer aus Pflicht erfüllt, ist in Tugend." Pflicht bedeutet, eine Verpflichtung zu erfüllen. Das nennt man Zuverlässigkeit. Wer nicht zuverlässig ist, wird es im Leben nicht weit bringen. Aber besser als reine Pflichtübung ist eine liebevolle Tätigkeit. Wenn eine Mutter sich um ihr Kind nur aus Pflichtgefühl kümmert, ist das zu wenig. Auf der anderen Seite gibt es auch Mütter, die bereit sind, ihr Leben für ihre Kinder zu opfern. Das ist selbstlose Liebe auf höchstem Niveau.

In diesem Vers geht es um Opfer in Leidenschaft. Die meisten Opfer werden aus materiellen Motiven ausgeführt – um etwas Besseres zu erhalten: Anerkennung, Reichtum, Macht. Manchmal werden Menschen auch gepuscht, Opfer darzubringen – für eine Organisation, eine politische Partei oder das Vaterland. Am extremsten und sinnlosesten sind jene Opfer, bei denen Menschen ihr Leben geben.

Sein Leben für ein Land zu opfern, bringt vielleicht dem Ego und der Nation etwas, jedoch nicht der Seele. In seinem berühmten Lied „Imagine" singt John Lennon: „Imagine there's no countries ... Nothing to kill or die for ..." Wenn man sich weder mit seinem materiellen Körper noch dem Land, in dem man geboren wurde, identifiziert, muss man für dieses Land weder töten noch sein Leben opfern. Doch genau das verlangt die Armee von ihren Soldaten. Diese sogenannten Kriegshelden führen Opfer in Leidenschaft und Dunkelheit aus. Solche Opfer können uns auf dem spirituellen Weg nicht weiter bringen.

Wer jedoch Gott und seinen Kindern liebevoll dient, führt spirituelle Opfer aus, die einen ewigen Nutzen haben.

Krishna sprach:
„Opfer, die ohne Glauben und Respekt vor den heiligen Schriften ausgeführt werden, sind Opfer in Dunkelheit. Das gleiche gilt für Opfer, bei denen keine Gebete gesprochen, keine religiösen Menschen gegenwärtig sind oder keine Nahrung verteilt wird." (BG 17.13)

An was soll ich glauben?

"Die Bhagavad-Gita ist ein göttliches Gespräch über die tiefere Bedeutung des Lebens."

– Nitai, 19, Birsfelden BL (CH)

Opfer sind freiwillige und liebevolle Handlungen für den Schöpfer und die Schöpfung.

Die Welt retten?

Haben wir nicht ein Gefühl der Ohnmacht, wenn wir den von Kriegen und Terrorismus betroffenen Menschen Frieden geben wollen? Da wir keine Staatsoberhäupter oder mächtige Wirtschaftsbosse sind, ist unser Einfluss auf der internationalen Bühne gering. Trotzdem können wir etwas bewirken: Friedliches und liebevolles Verhalten in unserem Umfeld sind Instrumente, die eine positive Wandlung und Frieden erwecken können.

Sind die vielen Arten der Leiden, denen Menschen auf der ganzen Welt ausgeliefert sind, zu verhindern? Wohl nicht, aber wir haben die Möglichkeit, durch die vorbeugende Therapie des Optimismus, der Tapferkeit und der Hoffnung, Menschen in unserem Bekanntenkreis wieder Mut und Kraft zu geben.

Können wir hungernden Menschen in fernen Kontinenten helfen? Spenden an effektive Hilfsorganisationen sind das eine. Wohlmeinender Beistand, dem wir einem Hungernden in unserer Nähe schenken, ist das andere.

Kleines kann Großes bewirken – im Positiven wie im Negativen. Viele Wassertropfen führen zu einer Überschwemmung, zahlreiche Schneepartikel lösen eine Lawine aus, ein winziger Virus kann eine flächendeckende Epidemie auslösen.

Unsere kleinen oder großen Opfer, unsere persönlichen Bemühungen, den Mitmenschen etwas von unserem Glück zu geben, verbessern das Wohlbefinden. Eine wertvolle Bereicherung dabei ist die Bemühung, unsere Tätigkeiten in Beziehung zu Krishna auszuführen. Sind wir mit der göttlichen Kraft und Liebe verbunden, haben auch scheinbar kleine Handlungen eine große Wirkung, da wir die Wurzel von allem Leben begießen – den göttlichen Ursprung. Auf diese Weise werden sämtliche Zweige und Blüten des Lebensbaumes genährt. Mehr müssen wir nicht tun, aber auch nicht weniger.

Krishna sprach:
„Opferungen, Askese und Spenden,
die ohne Glauben ausgeführt werden,
bringen weder in diesem noch im
nächsten Leben einen Vorteil." (BG 17.20)

„Bhagavad-Gita? Das Buch, das meine Mutter immer wollte, dass ich es lese. Nun, die Gita für Jugendliche werde ich sicher lesen."

– *Radhika, 17, Lungern OW (CH)*

Welche Religion ist die beste? Natürlich meine – für mich.

Religion und Spiritualität

Es gibt universelle Werte für alle religiösen und spirituellen Wege. Es sind jene Werte – moralische oder ethische Grundlagen – die das menschliche Leben von den niederen Bewusstseinsstufen unterscheiden: Mitgefühl, Ehrlichkeit, Bescheidenheit, Großzügigkeit, Weisheit.

Bezeichnet sich jemand als religiös oder spirituell, müssen diese Eigenschaften vorhanden sein, zumindest aber angestrebt werden. Erst auf diesem Fundament kann sich die eigentliche Tiefgründigkeit der Seele entfalten, indem Liebe zu Gott das aktive Prinzip wird.

Echte Religiosität und wahre Spiritualität drücken sich durch eine innere Haltung der Dankbarkeit, der selbstlose Liebe und des aktiven Dienstes am Nächsten aus. Solche Menschen *leben* vor allem, was sie glauben, anstatt darüber zu referieren. Selbstverständlich dürfen wir unsere Kommunikationsmittel einsetzen – reden und schreiben – aber nicht um zu bekehren, zu debattieren oder zu missionieren. Wollen wir jemandem weismachen, was richtig und falsch ist, hinterlässt das einen rechthaberischen, bitteren Beigeschmack.

Reden wir über unseren Glauben, unsere Form der gelebten Spiritualität, dann soll es ein offener und herzlicher Austausch unter Gleichgesinnten sein. Oder wir informieren jene, die sich für ein spirituelles Leben interessieren.

Welche Religion ist die beste? Meine – für mich. Der Pfad eines anderen darf sich von meinem unterscheiden. Doch wenn ich die Ansicht vertrete, meine Religion ist auch die richtige für alle anderen, bin ich ein Sekten-Fanatiker. Die *Bhagavad-Gita für Jugendliche* möchte einen gangbaren Weg aufzeigen. Wenn sich junge Menschen dadurch inspiriert fühlen, ihrem Leben eine spirituelle Perspektive zu geben, hat das Buch seinen Zweck erfüllt.

9. Kapitel

Schlussperlen

Sämtliche Fragen, die Arjuna stellte, sind von Krishna geduldig und verständnisvoll beantwortet worden. Und ziemlich am Schluss fügt er noch an: „Denke in Ruhe darüber nach, lieber Arjuna, und tue dann, was dir beliebt." (BG 18.63)

Es ist und bleibt so: Wir können die Verantwortung für unsere Handlungen nicht abgeben. Jedoch können wir Hilfe und Unterstützung, wenn immer möglich, annehmen. Für was wir uns dann aber entscheiden, ist unsere Sache.

Im letzten Kapitel wollen wir noch ein paar zusätzliche Perlen aus der Gita rauspicken. Es sind spezielle Verse, die eine Bereicherung und Inspiration sind – in den vorangegangenen Kapiteln jedoch keinen Einzug fanden.

Krishna schließt seine Botschaft in der Bhagavad-Gita mit einem Versprechen ab, das uns allen Zuversicht und Mut gibt.

Krishna sprach:
„Deshalb beseitige deine Zweifel im Herzen mit der Waffe des Wissens. Bewaffne dich mit Yoga, stehe auf und kämpfe." (BG 4.42)

„Die Bhagavad-Gita beinhaltet ein wichtiges Thema – kämpfen oder nicht kämpfen, aufgeben oder weitermachen?"

– Nillesanee, 20, Villmergen AG (CH)

Auch in den heiligen Schriften ist nicht alles ewige, vollkommene Wahrheit.

Absolute und relative Wahrheiten

Es gibt verschiedene Möglichkeiten, einen Text zu verstehen, auch die heiligen Schriften. Ist da jedes Wort vollkommen, direkt von Gott offenbart? Ein Teil ist wohl für alle Menschen und zu allen Zeiten richtig. Ein anderer Teil ist an lokale und zeitbedingte Umstände gebunden.

Texte können auch symbolisch, als Gleichnisse, verstanden werden. Vyasa gilt als der Verfasser der altindischen Schriften, den Veden. Das *Mahabharata* – zu der auch die Bhagavad-Gita gehört – kommt in Ausschnitten ebenfalls in anderen vedischen Texten vor. Dort werden die gleichen Vorkommnisse anders beschrieben. Warum? Vyasa benutzt historische Persönlichkeiten und Ereignisse und formuliert sie entsprechend der Zielgruppe.

Was sagt uns der Vers links? Sollen wir Waffen in die Hand nehmen? Hier ist es offensichtlich: Die Waffen sind das Wissen. Und Wissen ist der Schlüssel zu einem erfüllten Leben. Krishna gilt als der Kenner und das Ziel dieses Wissens (BG 15.15). Er bittet Arjuna zu kämpfen. Heißt das wirklich, dass Krishna einen Krieg will? Später offenbart Krishna, dass der Kampf bereits entschieden sei – der göttliche Plan ist nicht aufzuhalten (BG 11.32). Es geht hier also auch um den inneren Kampf. Arjuna könnte sich von der äußeren Schlacht zurückziehen, vor dem inneren Kampf kann er aber nicht fliehen. Es ist ein Kampf des niederen Selbst gegen das höhere Selbst.

Mit der Waffe des Wissens und unserer Entschlossenheit können wir unsere niedere Natur überwinden und uns spirituell erheben. Krishna ist das Boot des Wissens, das uns über den Ozean der materiellen Existenz bringt.

Krishna sprach:
„Wie eine Lotosblume nicht von Wasser benetzt wird, so bleibt jemand, der ohne Egoismus ist und all seine Tätigkeiten Gott weiht, von Sünde unberührt."
(BG 5.10)

Schlussperlen

„Wann immer ich dieses Buch zur Hand nehme, finde ich eine Stelle, die mich aufrichtet."

– Josefa, 14, Waldkirch BW (D)

Im Hinduismus, Buddhismus und in der chinesischen Kultur symbolisiert die Lotosblume Reinheit, Schönheit, Treue und Liebe.

Der Lotoseffekt

Die Lotosblume ist sehr speziell. Es gibt davon nur zwei Arten: die indische und die amerikanische. Manchmal wird sie mit den Seerosen verwechselt, doch der Lotos ist vom Pflanzentyp her mit ihnen nicht verwandt.

In der indischen Tradition versinnbildlichen die Lotosblumen Schönheit, Reinheit, Treue und sogar Erleuchtung. Die Glücksgöttin Lakshmi sitzt auf einer Lotosblume und hält in zwei von ihren vier Händen je einen Lotos. Auch Krishnas Körperteile werden wegen ihrer Schönheit mit dieser einzigartigen Blume in Verbindung gebracht: Bei Krishna spricht man von Lotosfüßen, Lotosgesicht usw.

Im Buddhismus wird der erleuchtete Siddharta als Buddha meditierend auf einer Art Lotosthron dargestellt. Und in China gehen die Begriffe Liebe und Harmonie mit dem Lotos einher.

In diesem Vers wird die Lotosblume als Symbol der Reinheit und Transzendenz verwendet. Die Oberfläche des Lotos ist flüssigkeitsabweisend. Wasser perlt einfach ab. So bleibt diese Pflanze immer sauber. Schmutz, Pilze und andere Schädlinge können an ihr nicht haften. Aus diesem Grund ist die Pflanze sogar ein Forschungsprojekt für Oberflächenversiegelungen.

Die Lotosblume ist in einem sumpfigen Boden verwurzelt. Obwohl der Nährboden „unrein" sein mag, kann dadurch eine „reine" Pflanze – frei vom „Schmutz" der Erde – heranwachsen. Ähnlich kann eine Seele in einer Welt, die von Leidenschaft und Gier beherrscht wird, rein und sündlos leben, vorausgesetzt, sie ist ohne Ego und handelt in Liebe zu Gott. Dann ist die Seele zwar immer noch *in* dieser Welt, aber nicht mehr *von* dieser Welt. Auf diese Weise ist das Selbst mit der reinen göttlichen Wahrheit verbunden – unberührt von materiellen Verunreinigungen.

Krishna sprach:
„Deine Gedanken zum Zeitpunkt des Todes werden dein nächstes Leben bestimmen. Wer sich am Ende des Lebens, beim Verlassen des Körpers, an mich erinnert, wird mich sicher erreichen." (BG 8.6, 8.5)

Schlussperlen

Die letzte Prüfung

Es gibt viele Bücher, die uns Tipps geben, wie wir leben sollen. Dazu erfahren wir auch in der Gita viel Wissenswertes. Doch kaum ein Buch sagt, wie wir sterben sollen. Krishna hilft uns da ebenfalls.

Der Tod ist die letzte Prüfung im Leben. An was sich der Geist im Augenblick des Todes erinnert, wird die Zukunft unserer Existenz bestimmen. Wir werden uns beim Sterben nicht spontan an Gott erinnern, wenn wir unser ganzes Leben damit verbracht haben, ihn zu vergessen. Üben wir uns während des Lebens darin, an Krishna zu denken, wird sich unser Bewusstsein auf ihn richten, wenn der Tod an die Türe klopft.

„Für mich ist die große Frage, was nach dem Tod passiert. Die Gita gibt uns spannende Anhaltspunkte."

– Brita, 17, Villmergen AG (CH)

Es ist nicht nötig, uns vom alltäglichen Leben zurückziehen, um an Gott denken zu können. Krishna empfiehlt Arjuna, bei der Erfüllung seiner Pflicht an ihn zu denken. Das ist Handeln in Hingabe: Das tun, was wir tun müssen und uns dabei an Krishna erinnern.

Das Sterben beginnt nicht erst am Ende des Lebens. Es ist ein fortwährender Vorgang, da sich der physische Körper nach der Geburt Schritt für Schritt dem Tod nähert. Diese Tatsache sollte uns dazu bringen, unsere Aufmerksamkeit auf die wesentlichen Dinge im Leben zu richten. Oft sind wir selbstzufrieden und vergessen die Vergänglichkeit der irdischen Existenz. Aufgeweckt werden wir erst, wenn unerwartet eine uns nahestehende Person stirbt.

Im Innersten fühlt es sich an, als würden wir immer leben. Das ist der Ausdruck der Seele.

Sich des zeitweiligen Lebens bewusst zu sein, bedeutet nicht, in krankhafter Angst ständig an den Tod zu denken. Vielmehr sollten wir uns als unsterbliche Seele sehen und uns bewusst werden, dass wir ein ewiger Teil der göttlichen Wahrheit sind.

9. Kapitel, Vers 4

Krishna sprach:
„Von den weiblichen Eigenschaften bin ich Erinnerung, Intelligenz, Ruhm, Reichtum, Redekunst, Beständigkeit und Geduld." (BG 10.34)

"Die Bhagavad-Gita ist das ideale Buch für alle, die auf der Suche nach ihrem Selbst und dem Sinn des Lebens sind."

– Armida, 16, Berlin (D)

Und wie steht es jetzt genau mit der Stellung der Frau in der indischen Kultur?

Weiblichkeit und Spiritualität

Dem Hinduismus wird oft vorgeworfen, dass die Frauen eine minderwertige Rolle spielen. Betrachtet man das soziale Gefüge in ländlichen Gegenden Indiens, ist dies nicht von der Hand zu weisen. Auch haben gewalttätige Vorfälle gegen Frauen in Indien weltweit Schlagzeilen gemacht.

In den Schriften der Hindus finden sich dazu unterschiedliche Aussagen. Die weiblichen Wesen werden *Devi* (Göttin) genannt. Dazu kommt eine soziale Etikette, die vorschreibt, dass Männer alle Frauen, außer der eigenen, als *Mataji* ansprechen und behandeln sollen. Mataji heißt „respektierte Mutter".

Es gibt aber auch Texte, die Frauen als zu emotional und habgierig beschreiben. Wurde ein Sündenbock gesucht, als der Buddhismus vor über 2000 Jahren den traditionsbewussten Hindus die Vormachtstellung wegnahm? Hat auch die Mogulherrschaft dazu beigetragen, die Stellung der Frau herabzusetzen?

Eine tiefgründigere Erklärung ist eine sprachliche: Die Sanskritwörter *Stri* für Frauen und *Purusha* für Männer, beziehen sich weniger auf die Geschlechter als auf die Mentalität und die Naturen. Das männliche Prinzip ist eher das Geben, das Erobern, das Draufgängerische; das weibliche steht für Empfangen, Erhalten, Ruhen. Wenn wir diese Aspekte nicht auf den Körper, sondern auf das Bewusstsein beziehen, transzendieren wir die physische Identität von Mann und Frau.

Betrachten wir die weiblichen Eigenschaften, die Krishna aufzählt: Sie bedeuten nicht, dass nur Frauen sie haben. Es sind Qualitäten, die sich nicht auf das Wesen in einem weiblichen Körper beschränken. Krishna lehrt bereits am Anfang der Bagavad-Gita, dass wir nicht der Körper sind – nicht Mann oder Frau – sondern spirituelle Seelen. Und die sind in der vedischen Kultur alle weiblich.

9. Kapitel, Vers 5

Krishna sprach:
„Ich bin die Zeit, die alle Welt vernichtet. Auch wenn du nicht kämpfst, Arjuna, werden alle Krieger auf dem Schlachtfeld umkommen." (BG 11.32)

Schlussperlen

„Die Bhagavad-Gita lehrt, sich nicht nur auf die körperlichen Sinne auszurichten, sondern eine spirituelle Perspektive zu entwickeln. Das führt zu einem Leben ohne Angst."

– Ananda, 15, Zürich (CH)

Die Zeit – ein Phänomen, das Philosophen und Wissenschaftler immer wieder in den Bann zieht.

Unüberwindliche Zeit

Gott ist Liebe, aber auch Schöpfer und Vernichter sowie die unbesiegbare Zeit. Was ist Zeit? Darüber haben sich schon viele den Kopf zerbrochen. Für die einen ist sie Illusion, für andere eine klare physikalisch und mathematisch messbare Struktur. Eines ist offensichtlich: Die Zeit beherrscht alle und alles. Wenn der richtige Zeitpunkt gekommen ist, gibt es eine Schöpfung, ein Erwachen, ein neues Sprießen und Wachsen – wie der Beginn eines neuen Tages oder die Frühlingszeit. Und ebenso kommt die Zeit der Nacht, des Winters und der Zerstörung, wo die Lebewesen ruhen oder sterben. Verläuft die Zeit in Zyklen oder linear? In der indischen Tradition ist die Zeit – wie die Jahresabläufe – ein Kreislauf. Westliche Denker definieren sie linear, das heißt, sie läuft wie eine Linie von einem Anfangspunkt bis in die Unendlichkeit.

Lange waren die Sonne oder der Mond die Zeitmesser. Dank moderner Mikrotechnik können immer kürzere Zeitperioden gemessen werden. Auch die vedische Tradition definiert sehr kurze wie auch lange Zeitperioden. Die kürzeste ist die Dauer, welche die Sonne benötigt, um die Distanz eines Atoms zu überqueren. Das andere Extrem ist die beinahe unbegrenzte Lebensspanne Brahmas – dem Schöpfergott des materiellen Universums. Beide Zeitperioden übersteigen das Verständnis des normalen menschlichen Verstandes.

In dieser Welt geschehen immer wieder schreckliche Dinge. Gottes Wille mag im Angesicht von diesen mannigfachen Horrorszenarien unergründlich erscheinen. Die Bhagavad-Gita lehrt, dass Gott in der Gestalt des Todes zu allen kommt – auch zu den Ungläubigen. Der Tod ist für die meisten Lebewesen die Quelle der größten Furcht. Wer jedoch bei Krishna Zuflucht genommen hat, braucht sich weder vor dem Leben noch vor dem Tod zu fürchten.

Krishna sprach:
„Mache dich vollständig vom Höchsten abhängig. Durch seine Gnade wirst du tiefen Frieden und das ewige Reich erlangen. – Somit habe ich dir die tiefsten Geheimnisse offenbart. Denke darüber nach, und handle dann, wie es für dich am besten ist." (BG 18.62 – 63)

Schlussperlen

Welches Geheimnis?

Krishna offenbart in der Bhagavad-Gita vertrauliches Wissen. Da dieses Wissen nicht nur für Arjuna bestimmt ist, wurde es ein offenes Geheimnis. Nicht nur wurde Krishnas Identität als höchster Ursprung erklärt, sondern auch, dass jenseits der materiellen Schöpfung eine ewige spirituelle Heimat ist. Einige Aspiranten der transzendentalen Wahrheit möchten sich in das unpersönliche *Brahman* versenken und ihre Identität aufgeben, um ununterbrochenen Frieden zu erlangen. Doch auch eine persönliche Befreiung ist möglich, indem wir eine Beziehung zu Krishna aufbauen. Die Seelen behalten dabei ihre Individualität, auch wenn sie von den materiellen Bedeckungen befreit werden. Sie erfahren spirituelle Freude, indem sie in den Ozean der Liebe zu Krishna eintauchen.

In einem der letzten Verse fragt Krishna: „Arjuna, hast du aufmerksam zugehört? Sind Verwirrung und Zweifel gewichen?" Die Antwort ist unmissverständlich: „Lieber Krishna, meine Illusion und meine Unsicherheit sind zerschlagen, und durch deine Gnade wurde ich mit Weisheit gesegnet."

Nicht nur Arjuna soll seine eigene Entscheidung fällen, sondern alle, die Krishnas Worte hören. Wir werden aufgefordert, über diesen Dialog gut nachzudenken und ihn von verschiedenen Seiten her zu betrachten, um dann zu unserer eigenen Schlussfolgerung zu kommen. Die Bhagavad-Gita soll nicht blind akzeptiert werden. Krishna gab uns Intelligenz und Unterscheidungsvermögen. Diese Eigenschaften gilt es auch einzusetzen, wenn wir die Lehren der Gita studieren.

Sollten wir uns entscheiden, Krishna unser Vertrauen zu schenken, und seine Botschaften in unserem Leben anzuwenden, werden wir die entsprechenden Ergebnisse erfahren. Krishna lädt alle Seelen ein, mit ihm in seine ewige Heimat zu kommen, wo jeder Schritt ein Tanz, jedes Wort ein Gesang ist.

„Die Bhagavad-Gita ist eine wunderbare Anleitung für ein bewussteres Leben."

– Saniya, 18, Meilen ZH (CH)

Es ist ein offenes Geheimnis und darf mit allen Interessierten geteilt werden.

Krishna sprach:
„Gib alle Anhaftungen an die Ergebnisse deiner Tätigkeiten auf und nimm Zuflucht bei mir. Ich werde dich von allen schlechten Reaktionen befreien. Fürchte dich nicht." (BG 18.66)

Schlussperlen

„Dieses Werk enthält wichtiges Wissen, da es die göttliche Natur der Seele in gut verständlichen Worten ausdrückt."

– Fiona, 18, Finsterhennen BE (CH)

Es gibt nicht nur eine Wahrheit – sie ist für alle etwas anders.

Was ist nun richtig?

Es soll über 2000 Ausgaben der Bhagavad-Gita geben – in mehr als 80 Sprachen. Jeder Übersetzer wählt gemäß seinem Verständnis eine etwas andere Interpretation. In der Sanskritsprache ist das durchaus möglich. Das Wort *Atma* zum Beispiel kann bis zu 25 unterschiedliche Bedeutungen haben.

Die erste Zeile dieses Verses lautet folgendermaßen: *sarva-dharman parityajya*. Meist werden diese drei Wörter so übersetzt: „Gib alle Formen des *Dharma* auf." Was genau ist mit *Dharma* gemeint? Oft wird das Wort mit ‚Pflicht' oder ‚Religion' übersetzt. Soll Arjuna nun alle Pflichten aufgeben? Nicht religiös handeln? Doch an vielen Stellen in der Gita fordert Krishna seinen zögernden Freund auf, seine Pflicht unbedingt zu erfüllen, selbst wenn sie unangenehm ist. Arjuna wird nur gebeten, nicht an den Resultaten seiner Handlungen anzuhaften.

Beispielsweise ist das *Dharma* einer Mutter, sich liebevoll um ihr Kind zu kümmern. Will Krishna in diesem Vers sagen, Mütter sollen ihr Kind aufgeben und losgelöst mit einem spirituellen Bewusstsein in einem Kloster leben? Nein, es geht beim Loslassen um das *innere* Verhaftetsein. Loslösung schließt Liebe nicht aus – und umgekehrt. Krishna-Geweihte bringen ihre Nahrung, bevor sie gegessen wird, Krishna dar. Selbstverständlich wird der Nahrung nicht äußerlich entsagt, sondern – nachdem sie Krishna geweiht wurde – dankbar angenommen und verspeist.

Fazit: Wir alle sollen unser *Dharma* pflichtgemäß und mit Liebe erfüllen – uns innerlich jedoch von Krishna abhängig machen. Das ist die Botschaft dieses berühmten und oft missverstandenen Verses.

Sanjaya sprach:
„Wo immer Krishna, der Meister des Yoga, und Arjuna, der große Bogenschütze, anwesend sind, finden sich auch Wohlstand, Erfolg, Glück und ein tugendhaftes Leben." (BG 18.78)

Schlussperlen

Die Essenz der Gita

Für die einen geht es in der Bhagavad-Gita vor allem um das Erkennen und Erfüllen der Pflichten, andere sehen darin ein Buch des Wissens und der Weisheit. Für viele Yoga-Praktizierende und Meditierende ist die Gita die philosophische Grundlage. Dann gibt es solche, die in der Gita den Weg des Herzens und der spirituellen Liebe zu Gott und allen Lebewesen sehen.

All diese Aspekte stimmen. Wichtig sind das Bewusstsein und das Motiv. Obwohl Arjuna nun verstanden hat, dass Krishna weit mehr als sein Freund ist – nämlich die höchste Wahrheit – änderte sich äußerlich wenig. Arjuna ist immer noch ein Prinz und Krieger. Seine Aufgabe ist die gleiche geblieben: die Schwächeren zu beschützen und für Gerechtigkeit und die Erhaltung des *Dharma* zu kämpfen. Doch nun tut er es mit einem anderen Bewusstsein – losgelöst und als liebenden Dienst für Krishna.

Auch Krishna erfüllte nach wie vor seine Pflicht als Wagenlenker, obwohl er sich als der Ursprung von allem offenbarte. Er führte Arjunas Anweisungen aus und kümmerte sich um die Pferde. Als Gott gibt uns Krishna das ideale Beispiel: Alle Aufgaben ohne Anhaftung erfüllen und stets aus Liebe handeln.

Krishna ist die innere Führung und die Stimme des Herzens. Er arrangiert Umstände und Begegnungen, die uns helfen, unsere Lebensaufgabe zu erfüllen. Wenn wir unsere Aufgaben – angenehme und unangenehme – als liebenden Dienst zu Krishna ausführen, haben wir die Essenz der Bhagavad-Gita verstanden. Und wenn wir uns darüber hinaus mit Mitmenschen, die ebenfalls auf dem spirituellen Pfad sind, vertraulich austauschen und uns gegenseitig im Gottesbewusstsein stärken, werden uns gewiss auch „Wohlstand, Erfolg, Glück und ein tugendhaftes Leben" geschenkt werden.

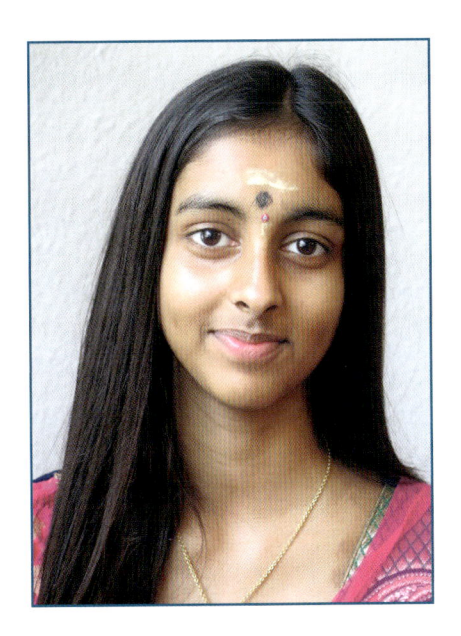

„Die Bhagavad-Gita hat viele Generationen von Menschen beeinflusst. Sie wird auch in Zukunft die Menschheit immer wieder neu bereichern."

– Suvetha, 14, Windisch AG (CH)

Auch Gott erfüllt seine Pflichten – losgelöst und immer mit Liebe.

Bhagavad-Gita für Jugendliche

Danke

Danke

Mein herzlicher Dank gilt folgenden Individuen und Institutionen:

- Krishna, dessen ewige Worte der Weisheit und der Liebe auch für Jugendliche eine Quelle der Inspiration sind

- Gian-Reto, Carolina, Allegra und Fidel für ihre vielfältige und großzügige Unterstützung

- Katja A. Freese, meiner Lektorin, deren Feingefühl und Wortgewandtheit den Inhalt ansprechender, klarer und leichter verständlich machten

- Renato Gerussi, der mit seinem visuellen und grafischen Knowhow ein ansprechendes und professionelles Design umsetzte

- Ranchor Prime, Radhanath Swami, Peter Burwash, Bhaktivedanta Swami und Christian Bischoff, durch deren Bücher und Aussagen diese Jugend-Gita eine wertvolle Vertiefung erhielt

- Den etwa 60 jungen Menschen, die mit ihren Statements und Portraits mithalfen, dass es auch eine Bhagavad-Gita für Jugendliche wurde

- Goloka Dhama im Hunsrück-Hochwald, Kirchham (Niederbayern) und New Jagannatha Puri (Zürich), die mir als „Writing Retreat" dienten und mir die nötige Ruhe und spirituelle Inspiration verschafften

- Allen Künstlern, deren Gemälde ich verwenden durfte: Alfred J. Valerio, Arnold Imhof, Torsten Hermann, Danilo Angelini, Saniya Sagutdinova sowie folgenden Fotografen, die mit einem ihrer Bilder dieses Buch bereichern: Subhadra, Renato Gerussi, Maha-Vishnu Dasa, Sailko, Madhumati Bittencourt und Daniela Mandel

- tibits Vegetarian Restaurants (tibits.ch) für die freundliche Unterstützung

- Bettina Keller für das tolle Vorwort

- Herbert Wagner, Verlagsleiter YANTRA GmbH, für die angenehme Zusammenarbeit

- Agnes Knoop, Amanda Bickel, Amanda Elkuch, Annette Bonomo, Esmaralda Masi, Fredy Keller, Alfred Bühler (Sankirtan-Verein) und Krishna Premarupa, die einen wertvollen Beitrag zur Optimierung des Buches erbrachten

Glossar

Das Glossar beinhaltet wichtige Sanskritbegriffe und Namen.
Die meisten von ihnen sind auch in diesem Buch verwendet worden.

Arjuna [Aussprache: „Artschuna"]
einer der fünf Pandava-Prinzen – bekannt als der größte Bogenschütze seiner Zeit.
Krishna sprach die Bhagavad-Gita zu ihm, da er sein Freund und ohne Neid war

Ashtanga
Yoga-Pfad, der sich vor allem auf Körperübungen und Meditation ausrichtet

Asura
gottabgewandte Wesen, die sich dem materialistischen Leben verschrieben haben

Atma
das Selbst; je nach Verständnis bezieht es sich auf den Körper, den Geist, die Seele oder die höchste Seele

Bhagavad-Gita
der „Gesang Gottes"; trotz des geringen Umfangs von nur 700 Versen wurde das Buch
ein Klassiker der spirituellen Weltliteratur, da sein Inhalt einfach, klar und tiefgründig ist

Bhakti
liebende Hingabe

Brahma
das ersterschaffene Wesen im Universum; einer der drei großen Hindu-Gottheiten,
nebst Shiva und Vishnu

Brahman
das Ewige, Allumfassende, Alldurchdringende

Brahmana
Priester, Lehrer, Intellektueller – der „Kopf" des klassisch-indischen Gesellschaftskörpers

Deva
göttliches Wesen

Dharma
universales Gesetz; Lebensaufgabe; religiöse Prinzipien

Guna(s)
wörtlich „Seil"; Grundeigenschaft der Lebewesen in dieser Welt – eingeteilt in *Sattva*, *Rajas* und *Tamas*

Jñana [Aussprache: „gyana"]
Wissen; ebenfalls eine Form des Yoga

Karma
wörtlich „Handlung"; bezieht sich meist auf die Reaktion einer Tätigkeit;
wird manchmal auch mit „Schicksal" übersetzt

Kshatriya
Krieger, Herrscher, Politiker – die Exekutive; sie werden als die „Arme" in der indischen
Gesellschaftsordnung bezeichnet, da sie für den Schutz und die Organisation zuständig sind;
Arjuna war ein *Kshatriya*

Glossar

Krishna
Sprecher der Bhagavad-Gita; Freund und Wagenlenker Arjunas; offenbarte sich als die höchste Wahrheit; Beschützer der frommen Seelen; Krishna erschien, um die Prinzipien der Religion wieder einzuführen; für seine Geweihten ist er die vertraulichste Form Gottes

Mahabharata
das umfangreichste epische Werk in der Weltliteratur; es beschreibt den Bruderkrieg zwischen den Kauravas und Pandavas; das philosophische Herzstück ist die Bhagavad-Gita – der Dialog zwischen Arjuna und Krishna auf dem Schlachtfeld von Kurukshetra

Maha-Mantra
Unter den „großen Hymnen der Befreiung" ist das folgende Mantra das bekannteste:
Hare Krishna, Hare Krishna, Krishna Krishna, Hare Hare; Hare Rama, Hare Rama, Rama Rama, Hare Hare

Maya
wörtlich, „das, was nicht ist"; im Sanskrit meist die Bezeichnung für Illusion

Paramatma
„das höhere Selbst"; Gott im Herzen aller Lebewesen

Rajas [Aussprache: „radschas"]
Leidenschaft, Gier, Schöpferkraft – eine der drei *Gunas*

Sattva
Tugend, Wahrheit, Ausgeglichenheit, Reinheit – eine der drei *Gunas*

Shiva
mächtige Gottheit; zuständig für die Zerstörung; auch König des Tanzes; Zufluchtsort für Geister; bekannt für seine Askese und tiefe Meditation

Shudra
Arbeiter, Handwerker, Künstler – sie gelten als die „Beine" der indischen Gesellschaftsordnung, da sie den sozialen Körper tragen

Shraddha
Glauben; Vertrauen

Sura
göttlich; Gott zugewandte Wesen

Vaishya
Händler, Businessleute, Landwirte – sie repräsentieren den „Magen" im gesellschaftlichen Körper, deren Aufgabe es ist, Wohlstand zu kreieren

Vishnu
„Erhalter des Universums" – einer der drei großen Gottheiten des klassischen Indiens – nebst Shiva und Brahma

Vyasa
gilt als die „literarische Inkarnation Vishnus" und der Verfasser der vedischen Texte, wie beispielsweise das *Mahabharata*

Yoga
Verbindung oder Vereinigung – meist auf die Seele und Gott bezogen; bekannte Yoga-Pfade sind *Ashtanga*, *Bhakti*, *Dhyana*, *Jñana*, *Karma* usw.

Der Autor

Der in Zürich lebende Schweizer leitet seit 2002 regelmäßig Theateraufführungen mit Jugendlichen – als Regisseur und Verfasser des Skripts. Auch wurde er als Leiter für Theaterproduktionen in Schulen eingeladen.

Guido von Arx hat das Diplom für Erwachsenenbildner und ist als Sprachlehrer tätig (Englisch und Französisch). Als Liedtexter und Musikproduzent veröffentlichte er über ein Dutzend CDs.

Seit über 20 Jahren gibt er Seminare über die Kunst der Kommunikation, die Bhagavad-Gita und über *Dharma* – das Erkennen und Erfüllen der Lebensaufgabe.

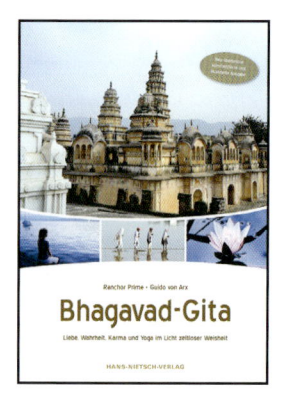

2015 veröffentlichte er im Hans-Nietsch-Verlag eine illustrierte Bhagavad-Gita (ISBN 978-3-86264-355-4), die vor allem in Yoga-Kreisen beliebt ist. Sie ist leicht verständlich und spricht nicht nur den Kopf, sondern vor allem das Herz an.

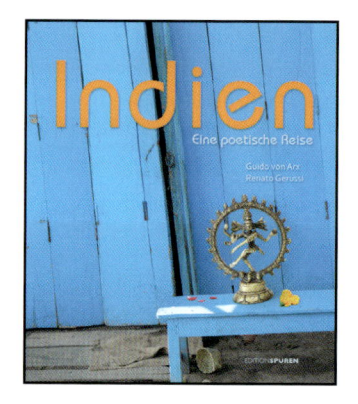

Zusammen mit dem Fotografen Renato Gerussi reiste Guido von Arx nach Indien. Daraus entstand 2016 ein Bildband mit lyrischen Texten: *Indien – eine poetische Reise*, im Schweizer Verlag EditionSpuren (ISBN 978-3-905752-47-2).

Für Guido von Arx sind die Natur, Musik, Fotografieren, Literatur, Filme und Theater mit Tiefgang seine großen Quellen der Inspiration.

GitaProductions.org   gita-productions.ch   contact@gitaproductions.org

Ebenfalls im Yantra Verlag erschienen

Das Mahabharata ist das umfangreichste Epos in der Weltliteratur und entführt den Leser in die faszinierende Welt des alten Indiens. Erzählt wird von den elementaren Konflikten einer königlichen Dynastie.

Das Hauptthema ist der Versuch des Menschen mit göttlicher Hilfe und Führung sein Schicksal zu meistern und zu seiner eigenen göttlichen Natur zurückzufinden – aller weltlichen Widrigkeiten zum Trotz.

Paperback 163 Seiten | ISBN 978-3-901226-39-7

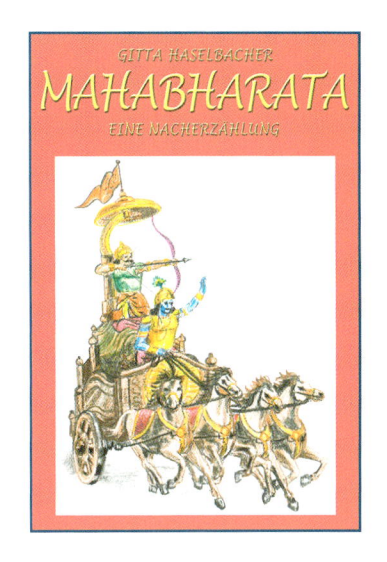

Das Ramayana ist eines der ältesten klassischen Epen Indiens. Es handelt vom Leben der göttlichen Inkarnation Rama. Sein Weg versinnbildlicht, wie der Mensch es schaffen kann, seine niedere Natur zu überwinden, um das Göttliche in sich zu finden.

Dieses Buch kann den Leser inspirieren, Ramas Pfad der Entschlossenheit und Güte zu folgen, denn sein Beispiel ist heute noch genauso relevant, wie es im antiken Indien war.

Paperback 184 Seiten | IS BN 978-3-901226-38-0

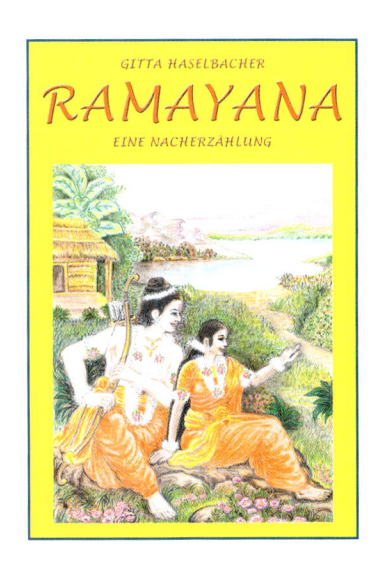